经济管理理论与社会保障基金管理研究

葛　燕◎著

中国出版集团　现代出版社

图书在版编目（CIP）数据

经济管理理论与社会保障基金管理研究 / 葛燕著 .
-- 北京 ：现代出版社，2023.9
ISBN 978-7-5231-0511-5

Ⅰ．①经… Ⅱ．①葛… Ⅲ．①经济管理－理论研究②

社会保障基金－基金管理－研究 Ⅳ．①F2②F830.45

中国国家版本馆CIP数据核字(2023)第165896号

经济管理理论与社会保障基金管理研究

作　　者	葛　燕	
责任编辑	刘　刚	
出版发行	现代出版社	
地　　址	北京市朝阳区安外安华里504 号	
邮　　编	100011	
电　　话	010-64267325　64245264(传真)	
网　　址	www.1980xd.com	
电子邮箱	xiandai@ cnpitc.com.cn	
印　　刷	北京四海锦诚印刷技术有限公司	
版　　次	2023 年 9 月第 1 版　2023 年 9 月第 1 次印刷	
开　　本	185 mm×260 mm　1/16	
印　　张	9.25	
字　　数	210千字	
书　　号	ISBN 978-7-5231-0511-5	
定　　价	68.00 元	

前　　言

如今，全球范围内的经济和金融系统面临着前所未有的挑战和变革。在这个复杂而不断变化的环境中，社会保障基金的重要性日益凸显。社会保障基金作为一种经济管理工具，旨在为社会提供稳定、可持续的福利保障。社会保障基金包括养老金、医疗保险、失业救济和其他社会福利项目，承担着满足人们基本需求的责任。

基于此，本书以"经济管理理论与社会保障基金管理研究"为题，第一，介绍了经济与管理之间的关系，经济学、管理学及其研究内容，以及经济管理的需求与成本理论；第二，阐述了管理与管理者的概念，以及管理的基本方法，并探讨了领导激励与管理控制理论；第三，讨论了产业结构的层次分类、产业结构变化的趋势与动因、社会保障基金管理的目标和社会保障基金与国家财政以及金融市场之间的关系；第四，对社会保障基金管理的内容，如筹集管理、投资管理、给付管理以及监督管理、统计管理进行研究；第五，讨论社会保险基金管理的方法，包括财务管理、会计制度以及精算管理等方式方法；第六，探讨我国医疗保障体系与保险制度的建构、不同主体的医疗保险制度研究，以及医疗保障基金的使用与监管探索等内容。

本书内容详尽，结构清晰明了，逻辑层层递进，充分吸收国内外经济管理与社会保障基金管理的有用经验，且紧密结合我国本土特点，是一本值得研读的著作。

本书的撰写得到了许多专家学者的帮助和指导，在此表示诚挚的谢意。由于笔者水平有限，加之时间仓促，书中所涉及的内容难免有疏漏与不够严谨之处，希望各位读者多提宝贵意见，以待进一步修改，使之更加完善。

目　　录

第一章　经济管理基础认知

第一节　经济与管理及其关系辨析

一、经济

（一）经济概念

经济是人类社会存在的物质基础，与政治一样，经济属于人类社会的上层建筑，是构建人类社会并维系人类社会运行的必要条件。在不同的语言环境中，"经济"一词有不同的含义，它既可以指一个国家的宏观的国民经济，也可以指一个家庭的收入和支出。"经济"有时作为一个名词，指一种财政状态或收支状态；有时候也可以作为动词使用，指一种生产过程等。一般认为，经济就是稀缺资源的配置和稀缺资源的利用。

（二）经济制度

资源配置和利用的运行机制就是经济制度。当前世界上解决资源配置与资源利用的经济制度基本有以下三种。

1. 计划经济制度

生产资料国家所有，靠政府的指令性计划或指导性计划来做出有关生产和分配的所有重大决策，即通过中央的指令性计划或指导性计划来决定生产什么、如何生产和为谁生产。政府像管理一个大公司那样管理一个国家的经济运行。在生产力不发达的情况下，计划经济有其必然性和优越性，可以集中有限的资源实现既定的经济发展目标。

但在生产力越来越发达以后，管理就会出现困难，漏洞也越来越多，计划经济就无法有效地进行资源配置了。计划经济是政府通过其资源所有权和实施经济政策的权力来解决基本的经济问题的。按劳分配是计划经济制度条件下个人消费品分配的基本原则，是计划经济制度在分配领域的实现形式。

2. 市场经济制度

市场经济是一种主要由个人和私人企业决定生产和消费的经济制度。市场经济体制包含价格、市场、盈亏、激励等一整套机制，通过市场上价格的调节来决定生产什么、如何生产和为谁生产。厂商生产什么产品取决于消费者的需求，如何生产取决于不同生产者之间的竞争。在市场竞争中，生产成本低、效率高的生产方法必然取代成本高、效率低的生产方法。为谁生产是分配问题，市场经济中分配的原则是按劳动要素分配，是按照资金、技术、管理等进行的分配，目的是更好地促进生产力的进一步发展。

市场经济的运转是靠市场价格机制的调节来实现的，"社会主义市场经济制度最显著的优势是有效市场和有为政府调控相结合。"① 从总体上看比计划经济效率高，更有利于经济发展。但市场经济也不是万能的，市场经济制度也存在着缺陷，也存在"市场失灵"的现象。

3. 混合经济制度

当今世界上没有任何一个经济完全属于上述两种极端之一，纯粹的计划经济和市场经济都各有其利弊，所以现实中的经济制度大都是一种混合的经济制度，总是以一种经济制度为主，以另一种经济制度为辅。所谓混合经济制度就是指市场经济与计划经济不同程度地结合在一起的一种资源配置制度，它是既带有市场成分，又有指令或指导成分的经济制度，经济问题的解决既依赖于市场价格机制，又有政府的调控和管制，如对垄断行为，政府就要干预。"混合所有制经济是基本经济制度的重要实现形式"②，在现实中，许多国家的经济制度都是市场与计划不同程度结合的混合经济制度。

二、管理

1. 管理的概念

从字面上来看，可以将管理简单地理解为"管辖"和"处理"，即对一定范围内的人员及事务进行安排和处理。从词义上，管理通常被解释为主持或负责某项工作。自从有集体协作劳动，就开始有了管理活动。在漫长而重复的管理活动中，管理思想逐步形成。管理的目的是有效地实现组织的目标；管理的手段是计划、组织、协调、领导、控制和创新等活动；管理的本质是协调，即利用上述手段来协调人力、物力、财力等方面的资源；管

---

① 逢锦华. 有为政府调控是社会主义市场经济结构性制度优势 [J]. 北方论丛，2022（5）：122.

② 马相东. 混合所有制经济是基本经济制度的重要实现形式：访中国社会科学院学部委员张卓元研究员 [J]. 新视野，2014（1）：4.

理的对象是人力资源、物力资源、财力资源和各项职能活动；管理的性质是人的有目的的社会活动。

管理职能大致包括计划、组织、指挥、协调、控制、激励、人事、调配资源、沟通、决策、创新等。管理学界最为广泛接受的是将管理分为计划、组织、领导和控制四项基本职能。

2. 管理的重要性

管理活动自古有之，长期以来，人们在不断的实践中认识到管理的重要性。20 世纪以来的管理运动和管理热潮取得了令人瞩目的成果，成果之一就是形成了较为完整的管理理论体系。

管理是促进现代社会文明发展的三大支柱之一，它与科学和技术三足鼎立。管理是促成社会经济发展的最基本的关键的因素。发展中国家经济落后，关键是由于管理落后。先进的科学技术与先进的管理是推动现代社会发展的两个方面，二者缺一不可。经济的发展需要依托于丰富的资源和先进的生产技术，但同样需要组织经济的能力，也就是管理能力。从这个层面上来看，管理为一种资源，是"第三生产力"。

在研究国与国之间的差距时，人们已把着眼点从"技术差距"转到"管理差距"上来。由此可见，先进的技术，要有先进的管理与之相适应，否则落后的管理就不能使先进的技术得到充分发挥。管理在现代社会发展中起着极为重要的作用。

三、经济与管理的关系

经济与管理是相互联系的，所有的经济活动中都含有管理活动，所有的管理活动都是在一定的经济规律指导下进行的。经济与管理都有自己的客观规律，与自然规律一样，在一定的社会历史条件下的经济规律、管理规律也具有自己的客观性。人们既不能消灭也不能创造与制定这些经济规律、管理规律，任何管理活动都必须遵循经济规律，按照经济规律的要求办事，否则就要受到经济规律的惩罚。"经济管理在各个企业中都是必不可少的，有经济就要有管理。"[1]

（一）管理的利益驱动与经济效益

经济利益是推动企业发展和员工发展的动力源泉，经济效益是检验企业管理绩效的重要指标。如何使两者得到兼顾与协调，是经济管理中的一个重要问题。

---

[1]茹艺. 试析建筑经济管理中全过程工程造价的运用与重要性［J］. 环球市场，2020（4）：123.

1. 管理与利益驱动

经济利益是物质的统称，是指在一定社会经济形式下，人们为了满足需要所获得的社会劳动成果。经济关系能通过经济利益体现出来，经济利益是人们从事社会生产活动和其他社会活动的物质动因，从根本上说，人们为了获得自己生存需要的物质、文化、生活资料，即物质利益，必须进行管理活动，有效地管理才能实现社会经济利益。在获得物质利益和个人利益的过程中，一个人的管理能力起到主要作用，而个人的素质也是首要条件。在很多情况下，个人利益可以等同于社会利益，但在一些特殊的情况下，不能将二者等同起来。个人利益要服务于社会利益时，或者说需要管理者自觉地以社会利益去约束自己的个人利益时，管理者素质的高低将起到关键作用，加强管理者素质教育与培养，不是完全忽视个人利益，而是使管理者了解人们的利益驱动来进行管理，实现个人利益和社会利益的统一。

2. 管理与经济效益

经济效益是指经济活动中劳动占用、劳动耗费与劳动成果之间的对比关系。经济效益的高低与管理有很大关系。企业管理规范，就会在生产同等成果的条件下，减少生产中的劳动占用和劳动耗费；或在劳动占用和劳动耗费相同的条件下，多生产一些劳动成果。

经济效益的高低能反映出管理水平的优劣。企业的经济效益是衡量企业管理水平的重要尺度。根据实际的市场需求，使用先进的技术，降低生产成本，不断完善企业管理和提高管理水平的企业，一般都会产生好的经济效益。

（二）经济规律指导下的管理活动

1. 经济活动中的管理活动

任何一种经济活动都需要有人去管理，没有管理的经济活动是不存在的。20 世纪 20 年代，在管理理论大发展时期，管理理论广泛地吸收了经济学、人际关系学等方面的知识，从而产生了微观经济意义上的管理和宏观经济意义上的管理。

从某种意义上说，企业经营的状况和变化，都是经济规律制约下一定管理行为的结果。"经济管理为当前政府工作的重要职能之一"[①]，有什么样的管理，就会有什么样的经济状况。一定的经济状况，又反映了管理活动的相应水平，这是经济规律制约下管理活动的普遍规律。在社会主义市场经济条件下，微观经济意义上的厂商管理和家庭管理都是在追求利润或效用最大化。企业要按照自主经营、自负盈亏，依靠市场导向进行管理，这种

---

①祁莉. 略论经济管理 [J]. 中外企业家，2014（22）：251.

管理水平直接影响经济实体的经济效益、竞争力和兴衰存亡。宏观经济意义上的管理是指在自觉掌握和运用社会发展、经济发展客观规律的前提下对整个社会以及国民经济的性质、任务、特点、条件等进行估量分析以及科学的预测，制定社会和国民经济的发展方针、计划、目标、政策和制度，确定其发展的根本原则和方法。

宏观管理一般包括广义的社会管理、经济管理、信息与发展的管理，以及对其各自领域的管理。宏观管理对中观管理和微观管理起引导、指导和向导的作用。如果没有科学的宏观管理，整个经济环境不好，企业的经济活动也无法正常实施。宏观经济意义上的管理主要体现在对国民经济管理上，国民经济管理是广泛运用社会科学、自然科学、技术科学等多学科知识，研究宏观经济运行规律及其管理机制，它主要研究对国民经济进行科学的决策、规划、调控、监督和组织，以保证整个国民经济的有效运行，主要包括消费需求管理、投资需求管理、经济增长调控、产业结构转换与产业组织优化、区域经济管理、涉外经济管理、收入分配调控与社会保障等。

由此可见，在人类历史的长河中，管理活动和经济活动历来就像一对无法分离的亲兄弟，更明白地说，任何一种管理活动都是经济活动中的管理活动。

2. 管理活动中的经济规律

在现实经济生活中，任何管理活动都必须遵循客观的社会规律、经济规律和社会心理规律等，其中经济管理活动必须在经济规律的指导下进行。经济规律是指在商品生产、服务和消费等过程中各种复杂的经济联系和现象的规律性。经济规律是经济现象和经济过程内在的、本质的、必然的联系，比如供求规律，就是指市场上的商品价格由商品供求状况来做出决定的规律，供求双方或其中任何一方的变动，都会引起商品价格的变动，这个规律是客观存在的。企业管理者在投资、生产、销售、定价等过程中，就必须掌握和应用经济规律，不能违背，因为经济规律是客观存在的，是不以人们的意志为转移的。

尊重经济规律，是每一个管理工作者应有的科学态度，人们可以认识和利用经济规律，但不能无视经济规律，凡是不按照经济规律办事的做法，不管当时的动机如何，最终都不可避免地要受到经济规律的处罚。

（三）利润最大化目标下的管理活动

1. 利润最大化目标下的企业管理活动

企业是经济研究的对象，也是管理研究的对象，企业是营利性的经济组织，实现利润最大化是每一个企业最重要的经营目标。利润最大化表现为成本既定情况下的产量最大，或产量既定情况下的成本最小。"随着科技的不断进步和经济的进一步发展，企业经济管理方面也出现了一些变化和发展新趋势。"① 企业追求利润最大化是在管理科学、规范的条件下实现的，企业管理规范、科学，才能获得较高的利润，才能为消费者提供更多更好的商品，才能有能力研制新的产品，才能向国家提供更多的税金，才能使员工得到更多的收入，企业才有可能获得更好的发展，它是企业生存和发展的必要条件。因此，在环境、技术、设备、资金、主业情况基本相同的情况下，管理的科学化将在实现利润最大化的过程中发挥重要作用。企业的科学管理需要做到以下三点。

（1）拓宽市场，提高产品的竞争力，根据市场需求组织生产，以获得最大的经济效益。

（2）加强经济核算，降低产品的生产成本。利润是产品收益和产品的生产成本之间的差额，产品的生产成本越低，获得的利润越高。

（3）发展生产，扩大生产规模。产品的生产成本会受到生产规模的影响，扩大生产规模能降低生产成本，提高利润。

2. 效用最大化目标下的个人管理活动

消费者每天都涉及管理问题，如一天中时间的管理与分配，手中的钱如何管理才能升值，消费者每天都要就如何配置稀缺的钱和时间做出无数个选择。当消费者平衡各种各样的需求与欲望时，就是在做出决定自己生活方式的各种选择、决策。消费者是在效用最大化的条件下来做出管理决策的，效用最大化是经济学研究的主要问题，也就是说个人是在效用最大化目标下从事个人理财、时间管理等活动的。

（四）不同体制下的管理活动

资源配置和资源利用的运行机制就是经济制度。从历史的角度看，解决资源配置与资源利用的经济制度经历了自然经济制度、计划经济制度、市场经济制度和混合经济制度。任何一种社会经济制度都面临着如何把它既定的相对稀缺的生产资源有效率地分配使用于各种途径的问题，即"生产什么""如何生产"和"为谁生产"的问题。如何配置和利用资源，在不同的经济制度下，有不同的管理方式。从人类发展的历史来看，主要有分散型管理、团队型管理和混合型管理三种。

纵观经济发展史可以看出，个人是经济活动的最初决策者，这些个人对自己物品的管理以及个人所从事的活动，都可以称为分散型管理。分散型管理的优点是管理主体能对自己的劳动资源进行很好的控制，独立的决策权能保障决策主体的动力。但分散型管理也有一定的缺点，由于个人能力的限制，决策失误的概率较大；分散型管理势必加大交易费

---

①雷瑜. 探索经济管理 [J]. 现代营销，2015（4）：19.

用，使决策成本有所增加。

团队型管理是对资源进行配置的另一种极端方式，即"生产什么""如何生产"和"为谁生产"的问题全部由团队讨论决定。与分散型管理相比，团队型管理能汇集大量的信息，使决策信息更加全面和准确，这是分散型管理所不具备的；团队型管理能集中多个人的智慧，避免个人的主观片面性。但团队型管理的时效差，反复磋商讨论会延误决策时机；团队型管理的人员多，管理成本必然高；团队型管理往往会导致无人负责或推卸责任的情况发生。

在现实生活中，经常见到的是分散型管理与团队型管理相结合的混合型管理。在企业生产经营中，决策权、财权、最终决定权往往要采取团队型管理，而一些执行权、业务权等往往采取分散型管理。

第二节　经济学、管理学及其研究内容

一、经济学的研究内容

随着商品经济的发展和社会分工的深化，人类经济管理活动的内容越来越复杂和丰富，专业化程度越来越高，部门分化越来越细，同时，各种经济管理活动之间、经济活动与其他社会活动之间也越来越相互依存、相互渗透。为了适应这种现实经济情况的发展，经济管理的研究范围也越来越宽泛，研究的内容也越来越庞杂。

在传统上，理论经济学也叫一般经济理论，可分为宏观经济学和微观经济学两部分。微观经济学主要分析市场经济中单个经济单位的经济行为，即生产者和消费者的经济行为。宏观经济学主要研究国民经济，分析国民收入、物价水平等总量的决定和变动。微观经济学和宏观经济学紧密相连，宏观经济学是建立在微观经济学的基础上的，二者是个体与整体的关系，是互相补充的，所以要理解宏观经济理论和政策，就必须了解微观经济理论和政策。

（一）微观经济学

微观经济学借助研究个体经济单位的经济行为，来分析现代西方经济社会市场机制的运行和作用以及改善这种运行的途径。微观经济学将价格分析作为其分析核心。因此，微观经济学也叫价格理论。

1. 微观经济学的特点

微观经济学的核心问题是价格机制如何解决资源配置问题，在理解微观经济学时要注意以下四个特点。

（1）研究的对象。微观经济学研究的对象主体是居民与厂商。居民又称为居民户或家庭，是经济活动中的消费者，同时也是劳动力、资本等要素的提供者。在微观经济学中，假设居民户经济行为的目标是追求效用最大化，即研究居民户在收入既定的条件下，使用既定收入购买商品，购买多少商品能实现最大限度的满足。厂商又称企业，是经济活动中的生产者，同时也是劳动力、资本等要素的消费者。在微观经济学中，假设厂商经济行为的目标是追求利润最大化，即研究厂商在成本费用既定的条件下，如何实现产量最大化，或在产量既定的条件下，如何实现成本最小化。

（2）中心理论。价格理论是微观经济学的中心理论。市场经济中，价格被称为"看不见的手"，它能对生产者和消费者的经济行为进行引导和支配。生产者生产什么产品、如何生产这些产品都由价格决定。价格调节着社会资源的配置，使资源配置更加合理。价格理论是微观经济学的核心内容，决定价格水平的是需求和供给两个因素。需求是消费者行为理论研究的内容，供给是厂商行为理论研究的内容，二者就像剪刀的两个刀片共同决定了支点，即均衡价格。

（3）解决的问题。微观经济学解决的问题是资源配置的问题。微观经济学以资源利用为前提条件，来研究资源配置问题，从而使资源配置达到最优化，给社会带来最大的福利。

（4）研究方法。微观经济学的研究方法是个量分析。微观经济学研究的都是某种商品的产量、价格等个量的决定、变动和相互之间的关系，而不涉及总量的研究。

2. 微观经济学的内容

（1）厂商行为理论。厂商行为理论，也叫生产者行为理论，分析厂商怎样在商品生产方面使用有限的稀缺资源，实现利润最大化。厂商行为理论包括生产理论、成本收益理论和市场结构理论。

（2）消费者行为理论。消费者行为理论研究消费者如何把有限的收入分配到各种物品和服务的消费上，以实现效用的最大化，解决生产什么和生产多少的问题。

（3）价格理论。价格理论，也称均衡价格理论，主要研究商品的价格是如何决定的，以及价格如何调节整个经济的运行。

（4）收入分配理论。收入分配理论研究生产出来的产品按照什么原则来分配，也就是研究生产要素的报酬是如何决定的，即工资、利息、地租和利润是如何决定的。解决为谁生产的问题。

（5）市场失灵与政府干预。市场机制不是万能的，主要研究市场失灵产生的原因、解决办法以及政府干预的必要性。

（二）宏观经济学

宏观经济学是将资源配置作为前提研究国民经济，借助于分析经济中的总体问题和有关经济总量的决定及其变化，揭示怎样充分利用社会资源。总体问题包括失业、通货膨胀、经济波动、利率的变动等。

1. 宏观经济学的特点

（1）研究的对象。宏观经济学将国民经济作为研究对象，分析国民经济规律和国民经济的运行方式，对经济问题进行整体分析。它不研究经济中的单个主体，即居民户和厂商的行为，而是研究由居民户和厂商组成的整体。

（2）中心理论。宏观经济学围绕着国民收入这一中心分析资源利用问题，进而分析国民经济的运行。宏观经济学借助国民收入理论回答通货膨胀、经济波动、经济周期等问题。

（3）解决的问题。宏观经济学解决的问题是资源利用。宏观经济学以资源配置为前提条件来研究资源是充分利用了还是闲置了、通货膨胀对购买力产生的影响、经济增长的途径等宏观经济问题。

（4）研究方法。总量分析是宏观经济学的研究方法。宏观经济学研究个量的总和与平均量的决定、变动及其相互关系，然后借助总量的变动揭示经济政策的决定理由和国民经济的运行状况。

2. 宏观经济学的内容

（1）宏观经济政策理论。宏观经济政策是国家干预经济的具体措施，主要包括政策目标、政策工具和政策效应。

（2）国民收入理论。国民收入是衡量资源利用情况和整个国民经济运行情况的基本指标。国民收入理论是从总供给层面和总需求层面研究国民收入的决定及其变动的，它包括国民收入核算体系和国民收入决定理论。

（3）经济周期与经济增长理论。经济周期理论是研究国民收入的短期波动，而经济增长理论则是研究国民收入的长期增长趋势。

（4）失业和通货膨胀理论。宏观经济学从有效需求不足的角度来分析失业，并且把失业与通货膨胀理论联系起来，分析二者的原因、相互关系以及解决途径。

（三）微观经济学与宏观经济学的关系

微观经济学主要研究消费者和生产者的经济行为，宏观经济学研究经济运行中的总量，它们之间在研究的对象、解决的问题、中心理论和研究方法上有所区别。"二者虽然研究的层面和角度存在差异，但实际上二者之间也存在一定的联系，并且同样在现代经济社会发展中发挥着重要作用。"①

第一，微观经济学和宏观经济学互为补充。经济学以实现社会福利最大化为目的。微观经济学和宏观经济学的目的都是借助指导人们的经济活动使资源配置得到最优化和有效利用，进而实现社会福利最大化。为实现这一目标，要使社会资源得到最优化的配置，又要使社会资源得到充分利用。微观经济学与宏观经济学分别解决资源配置与资源利用问题，从不同的方面实现社会福利最大化。因此，微观经济学和宏观经济学是互为补充的。

第二，微观经济学是宏观经济学的基础，宏观经济学是微观经济学的自然扩展。经济状况是个别经济单位的行为的总和。微观经济学主要分析生产者和消费者的经济行为，也就是分析个别经济单位的经济行为；宏观经济学分析整体经济。因此，微观经济学是宏观经济学的基础。经济学家已经对这一点达成了共识，但对宏观经济学怎样将微观经济学作为基础这一问题，不同学派的经济学家有不同的观点，至今未能达成共识。理性预期学派是现阶段宏观经济学中影响最为广泛的学派，这一学派试图从微观经济学的完全理性和市场出清两个方面实现微观经济学和宏观经济学的统一，但未成功。

第三，微观经济学和宏观经济学都将市场经济制度作为背景。不同的经济体制下运行的不同的经济有不同的规律。经济学要将一定的经济制度作为背景，经济学离不开一定的经济制度。微观经济学和宏观经济学都属于市场经济体制下的经济学，研究市场经济体制下的经济规律和经济调控。市场经济体制是微观经济学和宏观经济学的共同背景。微观经济学和宏观经济学都是在市场经济的大前提下研究经济问题的。因此，经济学不能适用于计划经济和由计划经济向市场经济转变的转型经济。微观经济学和宏观经济学在研究经济现象和经济问题时要将市场经济体制作为制度背景。

第四，微观经济学和宏观经济学都使用实证分析法，都属于实证经济学。微观经济学和宏观经济学都要揭示经济现象的内在规律，即解决客观经济现象是什么的问题，而不涉及应该是什么的问题。经济学的科学化即经济学的实证化，使分析的问题脱离价值判断，分析经济现象之间的关系是微观经济学和宏观经济学的共同目的。

---

①吴悠. 微观经济学与宏观经济学的关系研究［J］. 商展经济，2022（2）：21.

二、管理学的研究内容

（一）管理学研究的对象

管理学研究的对象包括生产力、生产关系、上层建筑三个方面，具体内容如下。

第一，合理组织生产力。是指怎样对组织中的人力、物力等资源进行合理配置，使生产要素的作用得到充分发挥，以使组织目标和社会目标得到统一。因此，管理学需要研究的问题是如何规划、组织、协调和控制这些资源，以使生产力得到充分的发展。

第二，完善生产关系。是研究怎样处理好组织中人与人的关系，特别是管理者与被管理者之间的关系；研究怎样建立组织机构、怎样使组织机构的设立更加完善，怎样使人员安排和管理体制更加完善；研究怎样提高组织成员的积极性和创造性，怎样使组织成员为实现组织目标而服务。

第三，适时调整上层建筑。主要研究怎样使组织的内部环境适应组织的外部环境；研究组织的规章制度怎样和社会的上层建筑保持一致，怎样制定适应市场经济发展秩序的规章制度，以促进生产的发展。

（二）管理学研究的内容

第一，管理理论的产生和发展。管理理论的产生和发展是管理学的一项研究内容，管理理论与管理思想的形成与发展过程是管理学从理论发展到实践的过程。分析和研究管理理论的产生和发展是为了继承管理理论并使现代管理理论不断发展。研究管理理论的产生和发展能使我们对管理学的发展历程有更好的理解。

第二，管理的基本原理。管理的基本原理是指具有普遍性的基本管理规律。这些管理规律是对管理的实质及其基本运动规律的表述，如制订计划、制定决策、设计组织等。这些活动都要在基本原理的理论上进行，这些基本原理是管理活动都需要遵循的原理。

第三，管理方法。对实现管理目标来说，管理方法必不可少。对管理学的研究内容来说，管理方法同样是必不可少的部分。通常来讲，能帮助我们实现管理目标的手段和技术等都属于管理方法。管理方法包括经济方法、行政方法和法律方法等管理技术和手段。

第四，管理者及其行为。管理者是管理活动的主体。管理活动的成功与否与管理者有很大关系。管理者的能力素质、领导方式、领导行为等决定着管理活动的成败。

第五，分类管理学理论与方法。管理学是一门综合性交叉学科，包含多个学科的理论和方法，同时又与实践活动密切相关。因此，管理学的内容十分复杂。当研究某个部门的管理活动时，往往需要研究该部门的企业管理、科技管理、教育管理、卫生事业管理、国际贸易管理、公共行政管理等方面。

三、经济管理研究的内容

"人类社会发展实践表明，一个国家、一个民族、一个企业、一个家庭或个人事业的发展，由强变弱、且弱而愈弱或由弱变强、且强而又强的转换力量在很大程度上是经济管理水平的高低。"[1] 经济管理研究是一门综合性学科，涵盖了经济学和管理学等多个学科领域。它主要研究的是企业和组织在市场经济条件下如何制定和实施有效的经济管理策略，以获得更好的经济效益和组织发展。

经济管理理论是经济管理研究的核心内容，它主要研究企业经济活动的基本规律、市场环境对企业经济活动的影响、企业组织结构和企业文化的管理、资金和投资管理、人力资源和人才管理、营销管理、战略管理等。这些内容构成了企业经济管理的基本理论框架。

在企业经济管理中，企业应该根据市场经济的规律来制定和实施自身的经济管理策略，以适应市场的变化和经济形势的变化。同时，企业还必须不断完善自身的管理体系和管理制度，以确保企业能实现长期的可持续发展。

此外，经济管理研究与实践相互交织，理论为实践提供指导，实践反过来又为理论提供反馈。经济管理实践的核心内容主要包括企业战略调整和优化、组织建设和管理、财务管理、营销管理、人力资源和人才管理、信息化管理等。

在企业管理实践过程中，企业应该从自身实际出发，制定和实施与经济形势和市场环境相适应的经济管理策略，以达到经济效益最大化的目的。同时，企业还应该重视人才和组织管理，不断完善管理制度和管理体系，推动企业可持续发展。

第三节　经济管理的需求理论

一、需求理论的基础

（一）商品与货币

1. 商品与商品世界

现代市场经济社会的财富表现为一个庞大的商品堆积。一切用来交换的东西都是商

---

[1] 席酉民. 大家都需学点经济管理基础知识 [J]. 科技・人才・市场, 2017 (3)：4.

品。商品并不一定要是实物，期货市场上期权交易的对象，就不是实物，只是一种在一定时间内买进卖出交易对象的权利。然而，经济学中所讲的商品，多半还是指用于交换的产品。这主要包括两大类：一类是像食品、衣服、设备、房子之类的物质产品；另一类是像理发、旅游、演戏以及各种金融服务类产品。这些商品有些是有形的，有些是无形的；有些是供人们直接消费的，有些是供作生产设备或原材料用的生产资料物品。此外，技术、人才等也可成为交易对象的商品。总之，一切用于交易的东西都是商品。可见，交换是物品成为商品的原因，而交换又起源于分工。

2. 分工与交换

人类自己生产所需要的物品的经济，称为自给自足的自然经济。古代人生活消费所需的物品就大多是自己动手制造的。那时不是没有分工，但主要是家庭中男女间的自然分工。中文中"男"字表示男人主要用力气在田间耕作，而"婦"（"妇"的繁体字）字表示的是女人主要做家务，"帚"是扫地用的工具。事实使人们逐渐认识到，与其什么事情都自己做，还不如专门做一件事，生产一种产品，然后相互交换，这样可以给自己带来更多利益。但分工必须靠交换，因为人的需要是多方面的。用自己的产品去交换别人的产品，自己各方面的需要才能得到满足。用来交换的产品，就是商品。交换使产品成了商品。

交换不仅能通过互通有无解决分工带来的单一生产和人的多种需要的矛盾，还能带来由于分工和专业化可以发挥人的绝对优势和比较优势形成的利益。

两个家庭生产不同产品的分工，可称水平分工。还有一种是垂直分工，是生产同一产品从原材料生产到最终产品生产的整个链条上的分工，如一架飞机由许多工厂分工合作制成，就属于垂直分工。当然，水平分工和垂直分工也是相对而言的，大凡不同产品生产或不同行业或工种的工作都属于水平分工，而同一产品生产过程中不同工序及不同零部件生产上的分工，或者同一类工作中相关工种之间的分工，属于垂直分工。随着分工的发展和细化，本来的垂直分工可能渐渐地就演变成水平分工。

分工会给人带来利益。工业革命以后，各地的分工就可能不再由自然因素决定，而是由科学技术、社会制度或者政府推动等人为的后天因素决定了。不管由什么因素决定，人类社会发展的历史从某种意义上说都是一部分工不断发展、不断深化、细化的历史。分工越来越细，行业就越来越多。有些比较复杂的产品，如飞机、汽车之类甚至是由分布在世界各地各个国家的许多工厂分工合作来制成的。

现在世界经济已经开始全球化，就是全球范围内开展分工合作，因此我国提倡贸易自由化，开展"一带一路"合作，构建人类命运共同体。分工发展使科学研究的分门别类也越来越多。正是专业化分工的不断发展，才能推动科学技术和生产经营的不断发展。既然分工依赖交换，那么分工必须依赖市场规模。哪里市场越发达，哪里分工就会越细致。因此，分工需要交换，交换又促进分工。

3. 互利共赢和等价交换

人类交换都是出于自身利益考虑，交易者在交换中考虑的都是自己的利益。从某种意义上说，所有的经济活动都是交易行为。既然交易者都要考虑自己的利益，因此，一切交易活动都必须互利共赢，只有这样，人们才会自愿、自由地参与交换，一切强买强卖都是行不通的。交易能互相有利或获利，是因为交换双方对交易的商品的评价存在差异。

互利共赢说的是交易双方对商品价值评价存在差异，这里的"价值"是指商品对交易者自己效用的评价。这种评价，双方存在差异，因此双方才会认为交易会对自己有利，即带来利益，否则，"交易"就没有必要发生。从这个意义上，交易是正和博弈，而不是零和博弈。商场是互利共赢，正和博弈，即双方有利。

等价交换讲的是交易商品的价值量或者说价格总量的市场评价买卖双方必须达成一致。"等价交换"中的"价"是市场评价，是市场供求均衡的价格，而"互利共赢"中的"价"是买卖双方对商品价值或效用的主观评价。有了"互利"，交换才有"必要"发生；有了"等价"，交换才有"可能"发生。交易必然发生，既要有"必要性"，也要有"可能性"。如果没有"互利共赢"，就不会有所谓"消费者剩余"和"生产者剩余"。如果没有"等价交换"，就不会有市场价格或均衡价格。因此，不能将"互利共赢"和"等价交换"割裂开来或对立起来。

（二）价格与供求

1. 商品价格的决定因素

如果商品价格是商品价值的货币表现，那么，关于价值的决定因素，主要有以下两种观点。

（1）价值由生产成本决定。这里的"成本"是指生产商品时各种人力、物力消耗，而不是机会成本。生产任何商品都要使用劳动力、机械设备和原材料等各种生产要素，为使用这些生产要素都得支付费用，这就是生产成本。生产出来的商品价格必须能补偿这些成本，还要加上必要的利润，否则生产者就要退出生产。因此，价值是由生产成本决定的。这就是所谓成本价值论。

（2）商品价值由商品的效用决定。这里的"效用"既指商品给人们提供的用处，也指人们对所购商品对自己福利重要性的评价。前者可称为客观效用论，后者可称为主观效用论。对效用这两种不同的解释之间是有联系的。不管何种说法，商品要能卖出去，必须有效用，效用大，人们就认为价值大。这种观点可称效用价值论。

上述两种观点中所讲"价值"，其实还是指价格，是供求均衡价格。市场经济是以货币作交换媒介的经济。商品交换以货币作中介后，交换就分裂成商品—货币—商品，即卖与买两个阶段。卖是商品供给，买是商品需求。商品买卖就成为供求双方的行为。卖者即商品供给者或生产者，买者即商品需求者或购买者。商品买卖时生产者为出售一定数量商品所要求的价格称供给价格。尽管生产者或者说供给者、出卖者，总希望卖价越高越好，至少要能补偿生产成本并加上适当利润，因此，生产成本决定价格是合理的，但这个"价格"指供给价格。

商品买卖中购买者为购买一定数量的商品所愿支付的价格称为需求价格。尽管购买者或者说需求者总希望价格越低越好，至多不能超过所购物品能给自己带来效用的估价，否则他就不愿购买。这就是说要让他感觉"物有所值""性价比是合理的"。因此，价格由效用决定也是合理的，但这个"价格"是指"需求价格"。所谓讨价还价，实际上就是需求价格和供给价格的较量，较量结果形成一个双方都能接受的价格，这就是供求均衡价格。通常说的市场价值，实际就指这个均衡价格。

2. 需求规律分析

经济学上讲的需求，不是指人们的欲望或主观需要，而是指有支付能力的需求，指在某一特定时期内对应于某一商品的各种价格，人们愿意而且能购买的数量。因此，需求总涉及两个变量：商品价格及与该价格相对应的购买数量，需求就是这两个变量之间的关系。

通常说，若商品价格下降，需求量会增加；价格上升，需求量会下降。这无论对个人需求还是市场需求都是如此。市场需求只是个人需求的加总。

市场需求曲线斜率是负的，表明在影响需求的其他因素不变的条件下，商品需求量与其价格存在反方向依存关系，这就是所谓需求规律。这是通常情况，也会有例外情况。一种是某些低档的生活必需品（如食品）被十分贫穷的家庭购买时，如果价格上升，他们变得更穷了，更买不起好一点儿的食品了，因此反而会增加对这种低档食品的购买，而价格下跌时，需求反会减少。另一种是某些炫耀性高档商品的价格越高，需求会越大；价格下跌，需求反而减少。这是因为购买这些商品本身不是为消费，而是为显示其富有地位，价格越低，越不能显示其地位，故需求反而下降。此外，某些资产性商品，如股票、投资类房产，购买本来是为了获取买卖差价，因此，价格上涨时购买者预期会进一步上涨，因此会更多买进；相反，价格下降时，购买者反而会卖出，这就是所谓"追涨杀跌"。

但对一般商品而言，价格上升，需求量会下降，原因是：①某商品价格上升而如果其他商品价格未变，消费者就会多买其他可替代商品消费而减少该商品消费，这种现象可称为替代效应；②某商品价格上升，表示购买者在此商品面前实际购买能力下降了，故只能少买一些，这种现象可称为收入效应。商品价格和需求量反方向变化通常是这两种效应共同作用的结果。

二、需求的影响因素

需求是指在一定时期内，在一定条件下，消费者在某一商品或服务的各种可能价格下对这种商品或服务愿意购买并且有能力购买的数量。显然这里的需求必定是有效的需求，它要符合两个条件：①消费者必须有购买的欲望或要求；②消费者必须对其想要购买的商品数量有现实的支付能力。否则，如果仅仅是自然的或主观的欲望，将不能构成现实的需求。

在一定时期内，在这种商品的各种可能的价格下，消费者对某种商品的需求状况受许多因素的影响，这些因素可以概括为以下四个方面。

1. 消费者实际收入水平

消费者实际收入水平的变化，会对商品的需求产生十分重要的影响。对大多数商品来说，消费者收入水平提高，会增加对这种商品的需求。相反，如果消费者收入水平降低，则会减少对这种商品的需求。

2. 相关商品的价格

市场上各种商品在满足消费者需求方面具有一定的相关关系，当一种商品本身的价格不变时，由于相关商品价格的变化，也会影响消费者对这种商品的需求。相关商品包括替代品和互补品。

替代品，是指那些在一定程度上可以满足消费者某种需求的商品。例如，猪肉和牛肉都可以在一定程度上满足人们对肉的需要，大米和白面都可以在一定程度上满足人们对主食的需要。如果两种商品是相互替代关系的商品，那么当一种商品的价格上升时，就必然会导致消费者对另一种商品的需求的增加。反之，当一种商品的价格下降，就必然会导致消费者对另一种商品的需求的减少。替代商品之间一种商品的价格与另一种商品的需求呈同方向变动关系。

互补品，是指那些只有共同使用才能满足消费者某种需要的商品。典型的例子是照相机和胶卷、录音机和录音带、手电筒和电池等。如果两种商品之间是互补关系商品，那么当一种商品的价格上升，必然导致消费者对另一种商品的需求减少。反之，当一种商品价格下降，就必然导致消费者对另一种商品的需求增加。互补商品之间一种商品的价格与另一种商品的需求呈反方向变动关系。

3. 消费者偏好

消费者偏好就是消费者对某种商品喜欢和愿意消费的程度。如果消费者对某种商品的偏好程度增强，就会增加对这种商品的需求。反之，如果消费者对某种商品的偏好程度减弱，就会减少对这种商品的需求。例如，同样面料和质量的服装，不同消费者对不同款式的喜欢程度不一样，所以其需求就不一样。

4. 消费者预期

消费者对某种商品的需求还取决于消费者对这种商品价格的未来预期。在该商品当前的各种价格下，如果消费者预期其价格在未来会上升，那么消费者就会增加当前对这种商品的需求。反之，如果消费者预期其价格在未来会下降，那么消费者就会减少当前对这种商品的需求。同样，消费者对其收入的预期也会影响其对某种商品的需求，如果消费者预期其收入在未来会增加，那么在某种商品当前的各种价格下，消费者会增加对这种商品的需求。反之，就会减少需求。

需求量是指在一定时期内，在其他影响因素不变的情况下，消费者在某种商品某一确定价格下对这种商品愿意购买并且有能力购买的数量。这里的需求量也是现实的需求量。与需求不同，影响需求量的因素只有这种商品自身的价格，而所有影响需求的其他因素都被假设是不变的。所以，某种商品的需求量只和这种商品自身的价格相关。

第四节 经济管理的成本理论

在决策的过程中，成本是一个非常重要的概念。追求利润最大化的企业之所以对成本十分关心，是因为利润等于企业的收益减去成本。企业是否投资一个新的项目，是否应扩大现有生产规模，当产品价格较低时是否还应继续生产，对这些决策问题的分析都必须把成本作为一个重要的影响因素予以考虑。从整个社会来看，由于资源的稀缺性，如何使有限的资源得到有效的利用，也必须考虑成本因素。从基本的意义来看，成本是资源进行交换或转换时所形成的牺牲。然而，人们在衡量这种牺牲时有各自不同的理解，因而有必要根据使用信息的目的恰当地采取衡量成本的方式。

一、成本的概念

从最一般的意义上说，成本是生产经营活动中的代价。企业在生产决策过程中，必须考虑到这种代价的大小，考虑并比较经济资源投入其他生产用途可能会有的收益。正确认识和理解成本概念是进行成本函数分析的前提和基础，而现实经济生活中关于成本的概念及其解释是多种多样的。为了准确把握经济学意义上成本的含义，我们有必要对相关成本概念做综合性的比较分析。

1. 会计成本和机会成本

会计成本是财务分析中使用的一种成本概念，是指企业在生产活动中按市场价格直接支付的一切生产费用，即企业在经营时实际耗费的货币支出，如工资支出、原材料和燃料费用、折旧费以及广告支出等。然而经济分析中使用的成本概念有着更为广泛的含义，它不仅仅包括企业在生产过程中实际发生的货币支出，而且包括在会计项目中作为盈利计入的利息、租金和正常利润。这是因为，包括所有生产要素在内的生产性资源不仅具有稀缺性，而且其用途一般具有多样性，一定数量的某种生产要素在被用于某一特定用途之后，便不可能再被用于其他用途，而每一种可供选择的用途对要素投入而言即代表着一种获利的机会。

因此，经济成本是指对生产要素的用途进行选择的机会成本，即生产者将其一定数量的某种资源组合用于某一特定用途之后，他所放弃的在其他用途中预期可以产生的最高收益。例如，假定某企业拥有一定数量的资本、土地等稀缺资源，这些资源可用于甲、乙、丙三种产品的生产，预期资源全部用于甲种商品生产可获得 20 万美元的收益，用于乙、丙两种产品生产分别可获得 18 万美元和 15 万美元的收益。如果全部资源被选择用于甲种产品的生产，则其机会成本为放弃乙、丙两种产品的选择中预期可产生的最高收益，即 18 万美元和 15 万美元。由此可见，机会成本是建立在资源和时间有多种选择的基础上的，在一定时期范围内，当企业将其资源用于某种最佳用途时，则应将其余诸多可选中的次佳用途可能获得的收益记为机会成本，又称选择成本。

2. 私人成本和社会成本

私人成本是指企业自身为某项生产而应支付给要素所有者的一切费用，可分为以下两种。

第一，显性成本，指在形式上必须由企业按契约合同支付给其他生产要素所有者作为使用他人要素的报酬的费用，如支付给工人和管理人员的工资和薪金、支付给水电公司和原料公司的水电费和材料费，支付给贷款银行的利息、支付给广告公司的广告费等。可见，显性成本是经过市场交易所产生的使用他人要素的成本。事实上，显性成本就相当于会计成本。

第二，隐性成本，指企业因使用自己提供的那部分生产要素而本应该支付的作为自身要素报酬的费用，如企业自有固定资产的折旧费、投入自身资金应获得的利息以及自身提供劳务应获得的报酬等。可见，隐性成本是不通过市场交易而直接使用企业自身要素所产生的成本。这些费用在形式上虽然没有契约规定一定要支付，但实际上是应该支付的。例如，一个夫妻店，店主夫妇每天工作 10 小时，但往往并未在形式上领取货币工资。应该领取的这笔工资属于隐性成本。属于他们所有的店铺设备也往往未在形式上领取租金，这笔租金也属于隐性成本。从这对夫妻可以受雇于别人而领取劳动报酬及将店铺设备出租给别人而领取租金的角度看，隐性成本显然属于机会成本的范畴。在企业的成本核算中，由于隐性成本一般不单独列入账户，往往容易被忽略，有时可能出现账盈而实亏的现象，从而误导决策。故企业在考察自身成本时，一定要将显性成本和隐性成本涵盖进去。

社会成本是指整个社会为某种资源配置和使用所支付的成本。在现实经济生活中，私人企业的经济活动往往可能导致社会成本的增加。如某重化工业企业在生产过程中会排放出大量的废渣、废水和废气等，对该企业自身而言，排放"三废"的成本仅仅是将它们从企业输送到废渣场、河流和大气中所发生的费用；而对社会而言，单个企业"三废"的排放导致周围的生态环境、水源、空气等严重污染，为此，社会不得不支付相应的费用加以治理，这笔费用就构成社会成本。

当然，私人企业的经济活动也可能使全社会从中获益。典型的例子如养蜂场与果园之间的关系，私人养蜂采蜜，有利于花粉的传播，有助于果园的水果产量增加，而果园的树木开花，又可为蜜蜂提供充足的花粉，促进蜂蜜产量的提高。由于私人成本与社会成本往往不一致，特别是在私人企业的经济活动导致社会成本的额外增加时，政府会采取某些公共政策加以补救，私人企业可能因此被要求支付除私人成本以外的相应费用。因此，任何企业在对其资源使用做出重大决策时，不能仅仅考虑其私人成本的大小，还要考虑由此引起的社会成本的大小。

二、成本函数的经验估计

1. 成本函数的估计过程

从理论上来说，当生产函数确定后，结合投入要素的价格，可以直接推导出成本函数。不过在实践中两者还是存在一定差异的，需要直接估计成本函数。

估计成本函数的第一步就是初步确定成本函数的数学形式，在较为粗略且产量变动范围不太大的情况下，可以运用线性函数。当产量变化范围较大时，可考虑选择非线性函数形式。

估计成本函数的第二步是收集相关的成本数据。成本数据收集有三种基本方法：①时间序列数据，即运用厂商或本行业有代表性的厂商在过去各个时期产量和成本的序列数据；②横截面数据，即运用关于给定时间内不同规模厂商的产量和成本数据；③技术法，即运用设计数据来构造成本函数。

同样，估计成本函数中成本的确认是相当困难的，通常我们可以得到的是会计成本数据，而不是经济成本数据，这样某些成本项目可能会被高估，而另一些成本项目可能会被低估。此外，在会计处理时，某些成本在产量分摊上有较大的随意性，例如折旧的处理往往与管理者的目标及相关税收法规相联系，极有可能使之偏离经济成本，当使用设计数据时，也存在区分成本的困难，尤其是当生产多种产品时，某些共同成本在不同产品上的分摊也有较大的随意性。

估计成本函数的第三步是对数据资料进行修正、调整。①将会计成本调整为经济成本（即机会成本）；②根据一般物价水平的变化，尤其是发生通货膨胀的情况下，将历史成本数据调整到当前的水平；③在估计短期成本函数时，要区分固定成本、可变成本和半可变成本，即哪些成本不随产量的变动而变动，哪些成本随着产量的变动而变动，哪些成本在一定的产量范围内不变动，而产量变化超过一定范围后就会发生变动；④对成本进行时间调整，在实际生产中，有些成本和产量在时间上并不是同步发生的，存在一定的时间差异，调整的基本原则是按产品生产期间分配相应的成本，而不能按成本发生期间进行分配。

完成上述三个步骤后，接下来就是运用回归分析的基本方法进行估计，并对估计结果进行检验。

2. 长期成本函数估计

由于长期成本函数是由短期成本函数得出的，因此，在估计长期成本函数时，可以运用回归分析的基本方法，根据各不同生产规模的短期成本数据拟合出长期成本函数。有时，当数据采集困难而难以运用回归分析方法时，还可以采取生存技术法和工程技术法。

运用回归分析法估计长期成本函数与估计短期成本函数的方法是相似的。不过，在估计短期成本函数时常用时间序列数据，而估计长期成本函数时较常用横截面数据，原因是如果选用时间序列数据，必须收集厂商较长时间内的成本和产量数据，这时厂商所使用的技术及产品结构会发生较大的变化，数据反映的是几个长期生产函数的情况，而不是单一产品的长期生产函数了。如果选用横截面数据就可以避免时间序列数据带来的问题，即生产技术和产品结构的变化、物价水平变动的影响等。当一个行业内厂商的数目足够多，生产规模存在一定差异时，可以较好地估计出该行业的长期成本函数。

横截面数据的一个缺陷在于，要收集足够的数据往往要涉及较大的地域范围，这样各种生产要素的价格就会有较大的差异，就要对生产要素价格进行调整，或者在模型中添加相关解释变量，因此可能会放大估计偏差。

使用横截面数据还有一个缺陷，因为长期成本曲线是短期成本曲线的包络线，是厂商在长期内选择最优生产规模形成的。我们无法确定厂商是否是在最优的生产规模下生产的，因此估计也会出现偏差。

生存技术法的基本思路是：如果一个行业内规模较大的厂商和规模较小的厂商能长期并存，则意味着大厂商并没有成本优势，该行业的规模报酬可以近似地认为是不变的。如果该行业存在规模报酬递增，则长期内大厂商依赖较低的平均成本就可将小厂商排挤出去，也就是说只有大厂商可以生存下去。这样，如果按照生产规模对一个行业的厂商进行分类，就可以计算不同规模类别的厂商在长期内所占有的市场份额的变化，当发现在考察期内小厂商的市场份额下降而大厂商的市场份额提高，就可以证明该行业存在着规模经济，如果市场份额变化不大，则可以证明该行业的规模报酬不变。

生存原则的基础就是经济效率，即这一行业市场是竞争性的，厂商维持生存主要依靠提高效率，从成本的角度来看就是尽可能以最低的成本生产。这样当市场由于政府管制、进入和退出壁垒（包括法律和经济方面）、厂商的策略性行为等存在一定程度垄断时，生存技术法就不能很好地估计长期成本函数了，这是生存技术法的第一个缺陷。生存技术法的第二个缺陷是，要获得长期的成本和产量数据涉及的时间范围会相当长，这样该行业的技术水平会发生变化，从而成本和产量的关系也会发生变化，不同数据点可能反映的是不同的长期成本函数。

工程技术法主要是依据生产函数表达的技术关系，再结合各种生产要素投入价格来推导厂商的长期成本函数。运用这种方法的基础在于准确地估计出生产函数，当给定要生产的产量水平时，将生产该产量的各种投入要素乘以价格就可求解出该产量的长期成本。这种方法的优点是不受技术水平变化、物价水平变化和估计区域要素价格差异的影响。

第二章　经济管理的管理学理论

第一节　管理与管理者及基本方法

管理是人类社会活动的重要组成部分之一，管理活动广泛地渗透到社会活动的各个领域。大到一个国家、一支军队，小至一个企业、医院、学校，无不需要管理这项活动。因此，在社会生活中，尤其是在组织的活动中，为了提高组织的效率和效益，就有必要了解什么是管理，为什么要进行管理活动，怎样才能有效地进行管理活动。

一、管理的性质和职能

人类在适应自然和改造环境的进程中，必然伴随着群体活动的增多和社会组织的出现，这种群体活动需要有管理的功能来保障其秩序和有效性。同样，社会组织的产生、存在和发展，也需要有管理的功能来进行组织和协调。可以说，凡是有共同劳动和有组织的地方，就需要有管理的活动。由于共同劳动的无所不在，各类社会组织的普遍存在，管理也就成为人类社会中最普遍的社会实践活动之一。

（一）管理的性质

1. 管理的二重性

管理的二重性由生产过程的二重性所决定。社会化大生产的过程，一方面需要由许多人协作劳动，形成生产力；另一方面需要有人指挥和监督劳动，于是形成一定的生产关系。因此，管理一方面是有效地组织共同劳动所必须的，具有同生产力、社会化大生产相联系的必然属性；另一方面，管理又是在一定的生产关系条件下进行的，具有同生产关系、社会制度相联系的社会属性。这两方面的属性就是管理的二重性。

管理的必然属性是由生产力和社会化大生产所决定的。随着社会生产力的发展，形成劳动的分工与协作，有劳动的地方就必须有管理，需要有人把各个生产环节和过程组织协调起来，合理组织生产力。因此，管理活动是进行社会化大生产所必需的，这是其自然属性的体现。

然而，管理又总是在一定的生产关系条件下进行的，必然要体现所有者的利益和意志，使管理的环境和方法呈现出一定的差别，必然使管理活动具有不同的性质。这就是管理的社会属性。管理的社会属性是由生产关系和社会制度所决定的。管理的社会属性既是生产关系的体现，又反映和维护一定的社会生产关系，其性质取决于不同的社会经济关系和社会制度的性质。

掌握管理的二重性，对我们学习管理学和从事管理工作具有十分重要的意义。

（1）正确认识管理的二重性。管理的二重性体现着生产力与生产关系的辩证统一关系。任何组织为了提高劳动生产率，为了维护所有者的利益，都需要管理。反映自然属性的管理理论和管理方法在不同社会制度下可以共用，这些管理理论和管理方法是为提高劳动生产率服务的，但在共同的社会制度下，反映社会属性的管理理论和管理方法是不能共用的，因为这些理论和方法是为维护所有者的利益服务的。

（2）注重学习、引进国内外先进的、有益的管理理论、技术和方法。大到一个国家，小到一个企业组织，要想提高管理水平和增强竞争力，就要不断地学习、引进先进的管理理论、技术和方法，取其精华，去其糟粕，博采众长，在学习中创新。这是由管理的自然属性决定的。

（3）要结合实际，因地制宜地学习与运用。任何管理理论、技术与方法的出现，都有其时代背景和适合的土壤。因此，组织学习运用某些理论、技术与方法时，必须结合本部门、本单位的实际情况，因地制宜，探索适合自身的管理模式和体系。这是由管理的社会属性决定的。

2. 管理的科学性和艺术性

管理既是一门科学，又是一门艺术，是科学与艺术结合的产物。

管理的科学性，是指管理作为一个活动过程，其间存在着基本的客观规律。这些规律来源于管理实践，是研究者和实业家对管理工作的长期归纳、总结，逐渐形成了系统的管理体系，构成管理科学的基本框架。管理学作为一门独立的科学在实践中所起的不可替代的作用，已经成为人们的共识。人们一致认为，管理必须依靠科学的理论指导，按照管理的客观规律办事。管理的科学性强调管理者要认真地学习管理理论和方法，深刻理解管理的本质，遵循管理的规律，运用科学的管理手段和方法来指导管理实践。

管理的艺术性是指管理的实践性，是指在运用管理知识和技能方面的灵活性，管理没有一成不变的模式，没有标准的经验。管理的艺术性是由作为最重要的管理要素——人的主观能动性和感情所决定的。人的主观能动性的基础是人能积极地思考，能自主地决定行为。管理者只有充分利用这种主观能动性，才能把人们的积极性和创造性调动起来，使他们自觉地为实现组织的目标去努力工作。此外，人还富有感情。感情是难以数量化、模式化的东西，它的变化有一定的规律，但带有相当的戏剧性。感情的变化受多种因素的影响，如不同的个人对同一种管理方式会有截然不同的反应，会产生完全不同的行为。同样，在不同的环境中，管理者处理同一问题也可能采取不同的方法。这都体现出管理者在运用管理知识时具有很强的实践性。管理的艺术性表明，学习书本上的管理学理论是必要的，但又是不够的。成功的管理者必须根据具体的管理对象、管理环境，创造性地去解决实际中所存在的问题，能理论联系实际，只有这样，管理才可能成功。

管理的科学性与艺术性二者之间并不矛盾。管理需要科学的理论指导，没有理论指导的实践是盲目的实践，最终会以失败告终。每一项具体的管理活动都是在特定的情境下开展的，它要求管理者结合实际进行创造性的管理。只有掌握管理的基本规律，理论联系实际，灵活地运用管理的方式方法，才能成为一名合格的管理者。

（二）管理的职能

"管理的作用自从人类诞生以来就存在着，只不过随着人类的发展，它的作用越来越大而已。"[①] 管理的职能是指管理活动的职责和功能。它是管理者对管理对象施加影响的具体体现。管理的二重性，决定了管理具有两个基本职能，即合理组织生产力和维护生产关系。而这两个基本职能的实现，必须依赖于管理所具有的一些具体的职能来实现。然而，关于管理活动具体包括哪些职能，至今仍有许多观点。但管理学界普遍公认的观点是，管理具有四大职能，即计划、组织、领导和控制。

1. 计划职能

计划是指为实现组织的目标，制定和执行决策，对组织内的各种资源进行配置的行动方案和规划。计划一直都被认为是管理的首要职能。它是对组织未来行动的谋划和估计，既是行动的指南，又是控制的标准。计划职能又包括如下三个职能。

（1）计划制订职能，指确定组织的行动目标和程序的职能，其主要任务是制订书面形式的计划。

（2）预测职能，指对计划方案中所确定的目标的可信度、实现的概率等进行预先估计的职能。预测要使用科学的方法，由专业人员进行。

（3）决策职能，指对多种计划方案进行优选，择其最优方案并予以执行的职能。在计

---

①孙铎，马明. 论管理的职能 [J]. 科技展望，2015 (15)：169.

划职能中，决策职能最为重要，最为关键。

2．组织职能

组织职能是指为实现组织的目标，执行组织的决策，对组织内各种资源进行制度化安排的职能。在组织的众多资源中，由于人是最重要的资源，所以组织职能实际上讨论的是人力资源的配备问题。它的具体职能如下。

（1）建立组织机构的职能，即按照组织目标的要求和组织的实际情况，建立合理的组织结构，对人员进行权责分工、角色定位。

（2）管理人员的选聘，管理人员是最为重要的人力资源，选聘合适的管理人员是组织工作的重心，他们构成组织机构运转的现实要素。

（3）人员配备职能，指对组织运行所需的劳动力资源的招聘、任用、培训等。

3．领导职能

领导职能是指领导者带领和指导组织成员完成组织任务，实现组织目标的职能。领导的内容包括：一是带领，是指在实现组织目标，完成组织任务的过程中，领导者不仅要明确方向，更要身先士卒、以身作则；二是指导，是指领导者负有指导下属完成任务的责任。领导职能包括以下三个方面。

（1）指挥职能，在领导的过程中，要建立合理的领导体制、要树立领导者的权威，充分发挥领导者的影响力。

（2）沟通职能，领导者在领导过程中，必须与被领导者充分沟通，这样才能做到上下一心、同心协力，实现组织的共同目标。

（3）激励职能，领导者在掌握了被领导者的需要之后，为了调动他们实现组织目标的积极性，必须学会运用恰当的激励手段和方法。

4．控制职能

控制是指为保证组织目标得以实现，决策得以执行，对组织行为过程（包括下级的工作）进行的监督、检查、调整的管理活动。控制一直是管理的重要职能。因为在制订计划时无论考虑得多么周密，无论投入多少人力和物力，也很难保证计划绝对准确，决策万无一失。况且，许多外部因素的变化是组织的管理者根本无法控制的。在计划的执行过程中，由于外部环境变化，执行人员的疏忽等，都会使计划的执行偏离预期的轨道。管理者要及时通过控制职能发现这些偏差，并采取措施予以纠正。

在管理实践中，各项职能之间是密不可分、互相影响的。无论是负责全面工作的直线主管，还是负责某一职能管理工作的部门主管，都有必要掌握这些管理职能。管理的四大职能的运用取决于管理实践中的具体要求，正如管理的艺术性所强调的，管理者要因地制宜地运用这四项基本职能，只有如此，才能更好地胜任管理工作。

二、管理者

管理者是一个组织的心脏，其工作绩效的好坏直接影响着组织的成败与兴衰。管理者是从事管理活动的主体，是组织中具有一定的管理能力从事管理活动的人，是担负管理职责指挥他人工作的人。如公司的经理、医院的院长、学校的校长或系主任、政府机关的局长或处长等。组织中的管理者，由于责任和权限不同，所处的地位和发挥的作用也不同。

（一）管理者的分类

1. 按照所处管理层次分类

按照所处的管理层次不同，管理者分为高层管理者、中层管理者和基层管理者。高层管理者是对整个组织的发展负全面管理责任的人，其主要职责是制定组织的战略发展目标、做出组织的重大决策、控制组织的资源和人员的分配、评价整个组织的绩效等。在与外界的交往中，他们往往代表组织，以"官方"管理者的身份出现，如公司的总裁或总经理、大学校长等。

中层管理者的主要职责是贯彻执行高层管理者所制定的重大决策，并监督和协调基层管理者的工作。"在动态、不确定、复杂和模糊的经营环境下，中层管理者作为企业联通战略制定与执行的关键环节，其角色和价值越来越受到学术界和企业界的关注。"[1] 与高层管理者相比，中层管理者更注意日常的事务管理。中层管理者属于"执行层"，在组织中起着承上启下的作用，如公司的部门经理、大学的系主任等。

基层管理者是一线的管理者，他们的主要职责是直接指挥和监督一线员工，保证上级下达的各项计划和任务有效完成，如工厂的车间主任、工长，饭店的领班等。他们是组织整个管理系统的基础。

2. 按照管理领域和工作性质分类

按照管理领域和工作性质的不同，可分为综合管理者和职能管理者。综合管理者是指负责整个组织或组织中某个事业部全部活动（包括生产、营销、人事、财务等）的管理者，如总裁、总经理等。他们拥有这个组织或事业部所必需的权力，对整个组织或事业部的目标的实现负有全部责任，而不是对单一资源或职能负责。综合管理者大多数是组织的高层及中层管理者。

职能管理者是专门负责组织内某一类活动（或职能）的管理者。根据这些管理者所管

辖的专业领域性质的不同，具体划分为生产、营销、人事、财务以及研究开发部门管理者等，如生产经理、营销经理、人事经理等。职能管理者只对组织中某一职能或专业领域的工作目标负责，在本职能或专业领域范围内行使职权，指导工作。职能管理者更多的是组织的中层及基层管理者。

（二）管理者的角色

为了有效地履行管理职能，顺利开展管理活动，管理者必须明确自己要扮演什么角色，以及要站在一个什么样的立场上来行使管理职权。

1. 人际关系方面的角色

人际关系方面的角色产生于管理者在组织中的正式权威和地位。管理者所扮演的三种人际角色如下。

挂名首脑：管理者代表组织正式的权威，作为组织的首脑，要履行一些社会性、法律性的例行义务，如接待来访者、签署文件等。这种角色往往代表着组织的合法性、社会地位和外界影响等。

领导者：作为一个组织或部门的领导者，要负责激励和动员下属、人员调配、培训，以确保组织目标的实现。正式的权力赋予了管理者一定程度的潜在影响力。

联络员：管理者是主动维护其所领导的组织内外的个人或团体关系的重要人员。

2. 信息传递方面的角色

信息传递角色是指管理者要负责确保和其一起工作的人能及时获得必要的、足够的信息，同时传递一些必要的信息，从而确保各项工作顺利完成。其角色如下。

监听者：管理者作为组织内外部的信息中心，要不断关注组织内外环境的变化，通过各种渠道获取对组织有用的各种信息，同时对所获取的信息进行一些必要的处理，充分发挥信息的作用。

传播者：管理者将获取的各种有用信息及时传递给组织的其他成员，便于信息共享和开展工作。主要是面向组织内部传递信息。

发言人：主要是面向组织外部发布信息，如发布组织的计划、政策、决定、报告等，使那些对本组织有重要影响的组织或公众了解组织的运营状况。

3. 决策制定方面的角色

管理者要通过决策来确定具体的工作任务、方针和政策，并分配资源以保证计划的实施。加拿大管理学家明茨伯格把决策制定分解为四个方面的工作，形成了以下四种角色。

企业家：管理者在其职权范围内充当本组织变革的发起者和设计者，寻求组织内外环境的发展机会，制订技术和管理创新的方案，以适应环境的变化。

混乱驾驭者：当组织面临重大的、意外的冲突或问题时，负责采取补救措施，处理危机。

资源调配者：负责调配组织各种资源（人、财、物、信息、技术、时间等），以充分利用这些资源。

谈判者：作为组织的代表，与员工、供应商、客户和其他团体组织，进行必要的谈判，以确保组织朝着预定的目标迈进。

（三）管理者的技能

管理者必须具备技术技能、人际技能、概念技能这三种基本的技能。

第一，技术技能。技术技能是指管理者掌握和运用某一专业领域内有关的知识、技术、程序和方法的能力。例如，工程师、会计师、广告设计师、推销员等都掌握有各自相应领域的技术技能，所以被称作专业技术人员。对管理者来说，虽然没有必要使自己成为精通某一专业领域的行家，但要对相应的专业领域进行有效管理就必须懂行，必须了解并初步掌握与其管理的专业领域相关的基本技能，否则将很难与其所主管的组织内的专业技术人员进行有效的沟通，无法对所管辖的业务范围内的各项工作进行业务上的指导。技术技能对基层管理者来说尤为重要。

第二，人际技能。人际技能是指与人事关系处理有关的技能，即联络、处理和协调组织内外人际关系的能力，激励、指导和指挥他人的能力。这种能力当然首先包括领导能力，因为管理者必须学会同下属沟通并对下属有影响力。但人际技能的内涵远比领导技能广泛，因为管理者除了领导下属外，还得与上级领导和同级同事打交道，要学会说服上级领导，学会同其他部门同事紧密合作。在现代管理中，人际技能是一项重要技能，对各层级的管理者都具有同等重要的意义。

第三，概念技能。概念技能是指管理者纵观全局、处理各种全局性的复杂关系的决策能力，也就是洞察企业与环境相互影响的复杂性的能力。具体地说，概念技能包括对复杂环境和管理问题的观察、分析能力，对全局性、战略性、长远性的重大问题的处理与决策能力，对突发性紧急情况的应变能力等。这种能力对组织决策和组织发展具有极其重要的意义，是高层管理者必备的最为重要的能力。

显然，任何管理者都会面临一些混乱而复杂的环境，需要认清各种因素之间的相互联系，以便抓住问题的本质，根据形势和问题果断地做出正确的决策。管理者所处的层次越高，其面临的问题越复杂、越无先例可循，就越需要概念技能。

这三项技能之间具有紧密的相关性，对任何管理者来说，都是应当具备的。但不同层次的管理者，由于所处的位置、所起的作用和所用的职能不同，对这三项技能的要求有所不同：技术技能对基层管理者来说更为重要；人际技能对各层级的管理者都具有同等重要的意义；高层管理者需要具备更强的概念技能。

三、管理的决策方法

随着管理的发展与科技的进步，决策的方法也在不断地扩展、分化和完善。从不同的角度，按不同的标准，决策的方法有不同的类型。有定性决策方法与定量决策方法，有选择组织活动方向和内容的决策方法，也有在既定方向下选择不同行动方案的决策方法。

1. 专家会议法

所谓专家会议法，就是通过召开有一定数量的专家参加的会议对决策方案的选择做出共同判断。专家会议可以使专家之间相互交流信息、相互启发思路，集思广益，产生"思维共振"，有可能在较短时间内得到富有成效的决策成果。因此，应在时间和其他条件允许的情况下，尽量运用专家会议法进行决策活动。

2. 德尔菲法

德尔菲法又称专家调查法，它是把所要决策的问题和必要的资料，用信函的形式向专家们提出，得到答复后，再把各种意见经过综合、整理和反馈，如此反复多次，直到决策的问题得到较为满意的结果的一种预测方法。德尔菲法具有匿名性、反馈性和统计性等特点。运用德尔菲法进行决策时要注意的问题有五项：①决策的问题要十分清楚明确，其含义只能有一种解释；②问题的数量不要太多，一般以回答者在较短时间内答完为宜；③要忠于专家们的回答，调查者在任何情况下不得暴露自己的倾向；④对不熟悉这一方法的专家，应事先讲清楚决策的过程与方法；⑤要制定好调查表，选择好专家。

3. 头脑风暴法

头脑风暴法是在专家会议法的基础上加以改良而形成的一种直观型决策方法。运用头脑风暴法进行决策，就是依靠参加会议的专家，通过相互影响、相互启发，产生"思维共振"，即创造性设想的连锁反应，从而诱发出更多的创造性设想，达到对决策方案进行合理选择的目的。正是在这一意义上，头脑风暴法也叫"思维共振法"。

运用头脑风暴法要注意三个方面的问题：一要选择好专家，专家要有一定的实践经验；二要创造一种自由发表意见的气氛，无论是反面意见或离奇古怪的设想都不能被指责或阻碍；三要对所提的设想进行整理分析。

4. SWOT 分析法

无论是对企业还是对特定的经营业务来说，决策者要成功地制定出指导其生存和发展的战略，必须在组织目标、外部环境和内部条件三者之间取得动态的平衡。企业不能孤立地看待外部环境的机会和威胁，而必须结合自己的经营目标和内部条件来识别适合于本组织的机会。环境中存在的机会只有在与本企业自身所拥有或将拥有的资源以及与众不同的能力相匹配的情况下，它才有可能变成组织的机会。如果存在于环境中的机会并不与本企业的资源和能力状况相适应，那么组织就必须首先着眼于改善和提高自身的内部条件。

SWOT 分析，就是帮助决策者在企业内部的优势（Strengths）和劣势（Weaknesses）以及外部环境的机会（Opportunities）和威胁（Threats）的动态综合分析中，确定相应的生存和发展战略的一种决策分析方法。通过环境研究，认识到外界在变化过程中可能对组织的存在造成什么样的威胁或提供什么样的发展机会，同时根据组织自身在资源拥有和利用能力上有何优势和劣势，依此两方面的结合点就可以制订出指导企业生存和发展方向的战略方案。

四、管理决策的依据

决策是管理的核心，决策理论的研究和运用，已成为现代管理中的一个中心课题并贯穿于整个管理过程中。无论是计划、组织、控制，还是领导、创新等管理职能，都存在着决策的制定和执行问题。决策水平直接影响管理的水平和效率。决策的正确与否关系到组织和事业的兴衰存亡。因此，每一个管理者都必须认真研究决策科学，掌握决策理论、决策的科学方法和技巧，在千头万绪中找出关键之所在，权衡利弊，及时做出正确、可行的决策。

明智的决策是成功的关键，人们不论做什么事情，都是首先始于决策，最后成于决策。从现实情况来看，决策活动几乎是无处不在，无时不有的。小到我们日常生活的衣食住行，中到企业的经营管理，大到涉及国计民生的各种发展规划，都需要通过相应的决策才能使之一一得以完成和实现。可见，决策活动与人类活动是密切相关的。做出科学的决策，凭借的是科学、准确、及时的决策依据，决策依据是科学决策的前提。

1. 事实依据

事实是决策的基本依据。在决策中，只有把决策对象的客观情况搞清楚，才能找到目标与现状的差距，才能正确地提出问题和解决问题。否则，如果事实不清楚，或者在对事实的认识和了解中掺进了个人主观的偏见，就会使决策失去基本依据，造成决策从根本上发生失误。这种情况在实际中并不少见。

2. 价值依据

这里的价值是指决策者的价值观、伦理道德观念和某些心理因素。这些因素虽然有主观性，但仍然是决策的依据和前提。这是因为对任何事物的认识和判断都会不可避免地掺进这些主观因素，否则就不能解释为什么对同一事物会有两种或多种截然不同的看法，及为什么对同一方案会有截然不同的两种或多种选择。

我们也要正确地认识事实依据与价值依据的关系。两者最基本的关系就是价值判断要以事实为基础。如果离开这个基础，就不可能产生一种正确的价值观。如果价值观离开事实的依据，有时可能做出"好"的决策，却永远做不出正确的决策。

3. 环境、条件依据

所谓环境和条件，是指除决策事实因素和决策价值因素以外的各种因素，如自然条件、资源条件、社会制度条件、科学技术条件以及人们的文化传统和风俗习惯条件等。在决策中之所以考虑这些因素，是因为这些因素对整个决策，包括决策目标的确定、决策方案的选择以及决策方式的采用等都起着制约作用。也就是说，在决策中，不但要看决策对象在事实上能达到的程度，还必须看由于各种环境和条件所制约而达到的程度。

第二节　组织与组织设计理论

一、组织及其分类

组织依有形与无形可分为组织机构与组织活动。其中，作为组织活动结果的那种无形"组织"的概念，有别于作为有形实体（如工会组织、事业单位、政府部门等机构或组织）的"组织"概念。为区别起见，人们在日常生活中也常将有形的组织体称作组织机构，而将那种无形的、作为关系网络或力量协作系统的组织称作组织活动。

无形的组织活动与有形的组织机构之间的关系是一种手段与目的的关系。也就是说，作为"力量协作系统"存在的无形的组织，本身并不具有自己的目的，它不过是为了完成组织机构的目标而存在，是作为实现组织目标的手段。

（一）实体组织

从实体角度看，组织是为实现某一共同目标，经由分工与合作及不同层次的权利和责任制度而构成的人群集合系统。

实体组织具有如下三层含义。

第一，组织必须具有目标。任何组织都是为实现某些特定目标而存在的，不论这种目标是明确的，还是隐含的，目标是组织存在的前提和基础。最基本的目的是有效地配置内部有限的资源。如大学的目标是传授知识，培养高级人才，这是一个非常明确的目标；而一些非正式组织，它们隐含的目的就是使组织成员受到保护，满足成员在某些方面的特殊要求。

一个组织良好的机构，能理顺内部的关系，并使所投入的资源得到最有效的利用，而一个组织不良的机构，则会使目标的实现受到影响。

第二，组织必须有分工与协作。分工与协作关系是由组织目标限定的。一个组织为了达到目标，需要许多部门，每个部门都专门从事一种或几种特定的工作，各个部门之间又要相互配合，这就是一种分工和合作。只有把分工与合作结合起来，才能提高效率。例如，电影院里的观众具有相同的目的，彼此没有分工与合作，不能称其为组织，而电影院的全体工作人员则构成了一个实体组织，因为他们具有共同的目标。

第三，组织要有不同层次的权力与责任制度。组织内部必须有分工，而在分工之后，就要赋予各部门及每个人相应的权力，以便实现组织目标。但在赋予权力的同时，必须明确各部门或个人的责任。有权力而无须负责任，就有可能导致滥用权力，进而影响组织目标的实现。所以，权力和责任是实现组织目标的必要保证。

（二）无形的组织活动

无形的"组织"活动，是指在特定环境中为了有效地实现共同的目标和任务，确定组织成员、任务及各项活动之间的关系，对资源进行合理配置的工作。正是借助于组织活动、工程和文化等所具有的协同作用，各类组织机构内部才有可能形成一个"力量协作系统"，使个体的力量得以汇聚、融合和放大，从而体现组织的作用。其内容主要内容包括以下四点。

第一，组织机构的设计。当组织目标确定以后，管理者首先要对为实现组织目标的各种活动内容进行区分和归类，把性质相近或联系紧密的工作进行归并，成立相应的职能部门进行专业化管理，并根据适度的管理限度来确定组织的管理层次，包括横向管理部门的设置和纵向管理层次的划分。无论是纵向还是横向的职权关系，都是使组织能促进各部门的活动并给组织带来协调一致的因素。

第二，适度和正确授权。在确定了组织机构的形式后，要进行适度的分权和正确的授权。分权是组织内管理的权力由高层管理者委派给各层次和各部门的过程。分权适度，授权成功，则有利于组织内各层次各部门为实现组织目标而协同工作，同时也使各级管理人员产生满足感。

第三，人力资源管理。人是组织的主体，人群中存在着复杂的人际关系。组织活动包括人员的选择和配备制度、训练和考核制度、奖励和惩罚制度，以及对人的行为的激励措施等。

第四，组织文化建设。组织活动包括为创造良好的组织气氛而进行团体精神的培育和组织文化的建设。无数成功组织的事例证明，组织文化是否良好，对一个组织能否发挥有效作用至关重要。

二、组织结构设计

组织结构设计就是要对企业的业务与组织的职、责、权、利等方面的内容进行适当划分。划分的方法有很多，可以按照简单的人数、时间（例如三班工作制）、组织职能、地区或地域、顾客、工艺流程及设备、产品项目等来划分，也可以按照项目来划分，可以综合以上各种划分方法的优点来划分（例如矩阵组织）。划分方法尽管很多，但都离不开业务和职、责、权、利等内容的设计。

（一）组织层次设计

组织层次又称管理层次，是指一个组织机构从最上一级管理组织到最下一级管理组织之间的管理层级，用来描述一个组织机构纵向结构的组织结构体系。组织层次既包括职务层级也包括业务层级。职务层级是指按照组织内各个责任人的职务级别来计算的管理层级。一个大型工厂的职务层级可以包括厂长、副厂长、分厂厂长、分厂副厂长、车间主任、车间副主任、工段长、副工段长、班组长和副班组长十个层级，即它有十个组织层次。如果将正职和副职联合在一起，则它有五个组织层次。业务层级是指按照组织机构的业务关系来划分的管理层级。一个大型公司的业务层级可以包括总公司、分公司、支公司、总厂、分厂、车间、工段和班组八个管理层级，即它有八个组织层次。

组织层次是组织内部纵向分工的表现形式。在企业规模一定的条件下，组织层次与管理幅度成反比的关系，即组织层次越多，管理幅度就越窄；组织层次越少，管理幅度就越宽。前者属于锥形结构，后者属于扁平结构。所以，管理幅度是决定组织层次的一个制约因素；反过来，组织层次也是管理幅度的一个制约因素。在其他条件不变的情况下，保持组织层次和管理幅度之间的平衡以使组织效率最大化是组织设计的重点，同时也是难点。除此之外，它的制约因素还有组织的规模、组织成员的素质、业务性质、业务量的大小、组织职能的纵向结构等。

设计组织层次可以从四个方面进行：①按照组织的纵向职能分工来设计组织层次；②按组织内部业务的总体和个体关系来设计组织层次；③按照组织效率最大化的原则来设计组织层次；④按照有效管理幅度来设计组织层次。

（二）管理幅度设计

管理幅度也称管理跨度，是指一个领导者能有效管理下级人员的人数。每一个领导者有效管理下级人员的人数都是有限的，只不过是人数多与少的问题，这是因为人的领导能力是有限的。管理幅度与全体员工的整体素质、所从事业务活动的特点等因素密切有关。领导者和下属员工的素质越高，管理幅度就可能越宽；反之则可能越窄。业务活动的要求越低，一般来说管理幅度就可能越宽；反之则可能越窄。管理幅度还与管理所属的管理层次有紧密联系。一般来说管理层次越高，管理幅度就越窄；反之则越宽。

一个领导者究竟能有效管理多少下属人员，这些影响因素主要有八个方面：①管理工作的不同性质；②领导者及其下属人员的素质；③授权的明确程度；④计划的明确程度；⑤控制的难易程度；⑥信息沟通效率；⑦组织变革的速度；⑧下属人员和组织空间的分布情况。

设计管理幅度最简单的方法就是根据以前的管理经验进行确定，包括根据本单位的管理经验和其他同类型单位的管理经验。这种设计方法往往被称为经验决定法。经验决定法简单易行，但主观成分很大，提出的管理幅度可能与实际需要相差甚远。所以，比较科学的方法是采用以定量分析为主、定性分析为辅的方法对影响管理幅度的各种因素进行考量，并根据考量结果决定管理幅度，这种方法称为定量测定法。它的考量步骤和方法为：①确定影响管理幅度的各种因素；②确定各种影响因素各自对管理幅度的影响程度；③确定各种影响因素对管理幅度的总体影响程度；④确定具体的管理幅度。

（三）组织体制设计

组织体制为组织结构设计提供了基本要求和总体原则，也为组织结构能按照设计要求正常运行提供了保证。所以，组织体制的设计也是组织设计的重要内容。它既是组织设计的开始，为组织结构设计提供基本要求和总体原则；又是组织结构设计的继续，巩固和稳定组织结构，为组织结构的顺利运行提供制度上的保证，使设计出来的组织结构合法化和规范化。

第一，组织体制的内涵。组织体制是指企业等组织在机构设计、领导隶属关系、管理权限划分、组织运行规范与保障等方面的体系、制度、方法和形式等，它包括组织设计的基本程序、组织设计的指导原则以及其他基本要求和总体原则；它还包括保证组织结构正常运行的各种管理条例、制度、章程、标准、办法、程序、守则等。

第二，组织体制分类。①管理制度，管理制度主要规范各个管理层次、管理部门、工作岗位以及各项专业管理的职能范围、所应承担的责任、应该拥有的权力以及管理业务的工作程序和工作方法。从所涉及范围的大小及规定的详细程度，它又可以分为基本管理制度、专业管理制度、部门责任制度和岗位责任制度等。②企业标准，企业标准是指对企业在日常的生产和经营活动中应该达到的技术、经济和管理水平所做出的规定和考核依据，包括生产技术标准、生产技术规程和管理标准。企业标准化工作常常被列为企业管理基础工作的一项重要内容。③管理工作标准，企业推行管理工作的标准化，可以有效地建立起严格与规范的管理秩序，可以有效地提高管理人员的素质，从而有效地提高管理的组织效率。所以，推行管理工作的标准化是组织设计工作的重要组成部分。管理工作标准就是指为了满足推行管理标准化的需要而针对每一项管理业务的工作程序和工作内容而制定的准则，以及对每一项工作程序和工作内容所规定的质量要求。

其他组织体制还有管理方法标准、工作分析与工作评价操作程序、组织机构规程、职权设计规程、请示规程、会议规程、综合组织规程等。

第三，组织体制设计步骤。组织体制贯穿于组织设计工作的全过程，对组织设计的全过程产生重大影响。组织体制的设计工作先于组织结构设计工作，又是组织结构设计工作完成以后的继续和补充。一般采取五个步骤进行：①确定组织设计的基本和总体原则；②确定组织设计的各种运作规程和操作指南，即对基本程序和总体原则细化；③在具体的设计工作中体现各种组织体制；④制定结构运行的规范和保障措施；⑤制定结构运行的信息反馈和修正机制。

第三节　领导激励与管理控制理论

管理是一个复杂的活动过程，在这个过程中，我们不仅需要制订计划、建立组织结构和配备人员，而且还需要对组织成员进行有效指挥、引导和鼓励，把组织成员的行为统一在组织的目标中，只有这样才能更好地实现组织的目标，这种活动就是管理的领导职能。

一、领导激励

领导激励的实质，就是如何有效地调动人的积极性、主动性和创造性。在激励中，领导者要正确认识人、鼓励人、尊重人、爱护人，必须以人本理论为指导，把握人的各种行为与人的需要和发展的关系，激发人的积极性、创造性，最大限度地发挥员工的潜能。

（一）领导激励的方式

需要是促使员工行为的原动力，任何有效的激励方式都必须从满足员工的某种需要出发。由于员工的需要多种多样，因而领导的激励方式也要具有多样性。

1. 目标激励

目标是活动的未来状态，是激发人的动机、满足人的需要的重要诱因。领导者在调动员工积极性时，可以设置适当的目标来激发员工的动机。合理的目标应该具有价值性、挑战性和可能性。它必须满足一定的社会需要、群体需要和个人需要，付出相应的努力才能实现，目标过高过低都不利于对员工的激励。

2. 参与激励

所谓参与激励，就是让员工参与本部门、本单位重大问题的决策与管理，并对领导者的行为进行监督。这种做法可充分调动员工的积极性，对提高效率和管理水平十分有效；通过对话达到参与激励的目的，员工可提出各种意见和质疑，领导者听取意见、回答质疑。这样就可能在领导者和员工之间架起一座桥梁，达到彼此沟通、交流思想、相互理解的目的。通过参与激励，领导与员工之间可以营造出一种良好的相互支持、相互信任的氛围，具有极大的激励作用。

3. 奖罚激励

在奖励激励的过程中，领导者要善于把物质奖励与精神奖励结合起来；奖励要及时，过时的奖励，不仅会削弱奖励的激励作用，而且可能导致员工对奖励产生漠然视之的态度；奖励的方式要考虑到下属的需要，做到因人而异；奖励的程度要同下属的贡献相当，领导者要根据员工贡献的大小拉开奖励档次；奖励的方式要富于变化。

惩罚的方式也是多种多样的，领导者要做到惩罚合理，达到化消极因素为积极因素的目的。惩罚要和帮教结合。实施惩罚时，一定要辅以耐心的帮助教育，使受惩罚者知错改过。掌握好惩罚的时机，查明真相时，要及时进行处理。惩罚时要考虑其行为的原因和动机。对行为不当或过失但动机尚好者，或主要因客观原因所致者，宜从轻惩罚；对一般性错误，惩罚宜轻不宜重。在对过失者进行惩罚时，应考虑到错误的性质和过失者本人的个性特征，有针对性地进行惩罚。

（二）领导激励的意义

激励是领导活动中重要的职能之一，其意义主要表现在以下两个方面。

第一，提高员工工作的自觉性、主动性和创造性。激励可以提高员工接受和执行组织目标的自觉程度，解决员工对工作价值的认识问题，使其充分认识所从事工作的必要性。因为，利益是调节人行为的重要因素，领导者在设置目标时，在保证国家和集体利益的前提下，应当尊重个人利益，使个人目标与组织目标尽可能协调一致。一致性程度越高，员工的自觉性、主动性和创造性就越能得到有效发挥。反之，便会出现消极怠工，甚至产生抵触心理。工作的自觉性、主动性和创造性是工作取得突破性进展的重要保证。

第二，激发员工的工作热情和兴趣。激励不仅可以提高员工对自身工作的认识，而且还能激发员工的工作热情和兴趣，解决工作态度和认识倾向问题，投入自己的全部精力为达到预期目标而努力。兴趣是影响动机形成的重要因素。强烈而稳定的职业兴趣，是保证员工掌握技术、进行创新、充分发挥自身能力的重要心理条件。通过激励可以使员工对工作产生稳定而浓厚的兴趣，使员工对工作产生持久的注意力和高度的敏感性，形成对自身职业的热爱。

二、管理控制理论

企业在开展生产经营活动中，由于受外部环境和内部条件变化的影响，实际执行的结果与预期目标不完全一致的情况是时常发生的。对管理者来讲，重要的问题不是工作有无偏差，或者是否可能出现偏差，而在于能否及时发现已出现的偏差或预见到潜在的偏差，采取措施予以预防和纠正，以确保组织的各项活动能正常进行，组织预定的目标能顺利实现。

1. 控制的作用

控制是管理工作过程中一项不可缺少的职能。所谓控制，从其最传统的意义方面说，就是按照计划标准来衡量所取得的成果并纠正所发生的偏差，以确保计划目标的实现。

在企业制订计划后，为了保证所有的人、财、物等按计划进行，或是有内外环境发生了变化，控制的作用就显现出来了。控制可以使复杂的组织活动协调一致、有序地运作，以增强组织活动的有效性。控制可以补充与完善初期制定的计划与目标，有效减轻环境的不确定性对组织活动的影响。控制可以实时纠正，避免和减少管理失误造成的损失。

就整个企业组织而言，控制工作所发挥的作用可以归纳为两大方面：①防止和纠正偏差的发生，使计划执行结果符合计划目标的要求，这是控制确保组织稳定运行的作用；②修改原定计划或重新制订计划，通过积极调整计划目标来保证组织对内外环境的适应性，这是控制确保组织应变能力的作用。

2. 控制的必要性

第一，环境的变化——企业外部的一切环境无时无刻不在发生着变化，控制可以使组织的活动有序地运作。

第二，管理权力的分散——企业的分权程度越高，控制就越有必要。

第三，工作能力的差异——即使企业制订了全面而完善的计划，经营环境在一定时期内也相对稳定，但对经营活动的控制仍是必要的。

3. 控制的基本原理

第一，任何系统都是由因果关系链联结在一起的元素的集合。元素之间的这种关系叫作"耦合"。

第二，为了控制耦合系统的运行，必须确定系统的控制标准。

第三，可以通过对系统的调节来纠正系统输出与标准之间的偏差，从而实现对系统的控制。

第三章 现代产业结构与区域经济结构

第一节 产业结构的层次分类

产业结构与经济增长有着非常密切的关系。产业结构的演进会促进经济总量的增长，经济总量的增长也会促进产业结构的加速演进。这已经被许多国家经济发展的实践所证明，特别是在现代经济增长中，产业结构演进和经济发展的相互作用越来越明显。因此，对产业结构的分析和研究越来越受到许多国家的重视。

一、生产结构分类法

生产结构分类法是一种用于描述和分析经济体系中不同部门之间关系的方法。它主要用于研究和理解一个国家或地区的产业结构以及各个产业之间的相互依赖程度。生产结构分类法通常基于产业链或供应链的概念，将经济中的各个部门按照其在生产过程中的位置和功能进行分类，大致有以下几种分类方法。

（一）两大部类产业分类法

为了分析不同物质生产部门的相互关系，揭示社会再生产的实现条件，产生了以产品的最终用途不同为标准的分类方法。第一部类是指生产各种生产资料的部门，主要是生产各种生产工具、设备、原料、材料的生产部门，其产品用于生产性消费；第二部类主要是指生产各种个人消费品的生产部门，其产品主要用于个人消费。

两大部类产业分类法是产业结构理论的基本来源之一，可以用于描述和分析一个经济体系的产业结构和经济组成。它有助于理解实体经济和服务经济的相对重要性，对制定政策、评估经济发展和进行产业规划具有指导意义。此外，这种分类法还可以用于国际比较和区域经济研究，帮助揭示不同地区的经济特征和发展方向。

（二）农轻重产业分类法

农轻重产业分类法是按照社会经济活动中物质生产的不同特点，分成农、轻、重三个部分，这里所讲的生产特点，主要是指劳动对象、劳动资料、生产过程、加工方式和劳动产品的不同。

1. 农业

农业被认为是农轻重产业分类法中的重要产业，因为它在国民经济中扮演着重要的角色。农业涉及种植、畜牧、渔业和林业等领域的经济活动。农业产业对粮食供应、农产品出口和农村就业等方面具有重要意义。在许多发展中国家，农业是国民经济的支柱产业。

2. 轻工业

轻工业是农轻重产业分类法中的另一个部分。轻工业包括制造业中的一些部门，如纺织、服装、家具、食品加工等。轻工业对提供就业机会、工业品生产和出口贸易等方面具有重要作用。它在经济发展的早期阶段通常起到推动工业化和城市化的作用。

3. 重工业

"重"是指重工业，主要是生产生产资料的工业，典型的重工业部门有钢铁工业、石油工业、煤炭工业、电力工业、化工工业等。

农轻重产业分类法的目的是通过将农业、重工业、轻工业区分开来，以便更好地了解它们在经济中的地位和相互关系。这种分类法有助于政府和决策者制定相应的产业政策和发展战略，平衡农业和工业的发展，促进农村和城市的协调发展。

二、三次产业分类法

根据人类经济活动发展的三个阶段，逐渐产生了三次产业分类法。而后学者们利用三次产业分类法，对经济发展与产业结构变动之间的关系进行了实证研究，随后，世界上许多国家都采用这种分类方法进行国民经济统计。这一方法揭示了三次产业在国民经济中的变化规律，三次产业分类法逐渐为各国所接受，并成为世界通行的统计方法。三次产业分类法是把全部的经济活动划分为以下三次产业。

1. 第一产业

第一产业是指从事自然资源开发和利用的经济活动。包括农业、林业、渔业、矿业等部门。第一产业直接依赖自然资源的获取和利用，主要涉及原材料的生产和采集。尽管在现代工业化的国家中，第一产业的就业人口比例逐渐减少，但它仍然对食品供应、能源供应和环境保护等方面至关重要。

2．第二产业

第二产业是指从事物质产品的加工、制造和生产的经济活动。包括制造业、建筑业和工程领域。第二产业将原材料转化为成品，并涉及生产设备、技术和劳动力的运用。制造业在经济中扮演着重要的角色，对国民生产总值、就业和工业化进程有着重要贡献。

3．第三产业

第三产业是指从事各种服务和非物质产品提供的经济活动。包括零售业、金融业、教育、医疗保健、旅游、娱乐、信息技术等。第三产业的特点是以提供服务、经验和知识为主要产出，它对国民经济的增长和就业创业起着重要作用。随着经济的发展，第三产业在国民经济中的比重逐渐增加。

我国在20世纪80年代中期引入三次产业分类法，在此之前采用的是农轻重产业分类法，从第七个五年计划开始采用了三次产业分类法。

三次产业分类法有助于理解一个国家或地区经济的结构和发展趋势。它对制定政策、促进经济转型和优化资源配置具有重要意义。此外，它还可以用于国际比较和区域经济研究，帮助评估不同地区的产业组成和经济特征。

三、标准产业分类法

标准产业分类法是为统一国民经济统计口径而由权威部门制定和颁布的一种产业分类方法。全面的、精确的、统一的经济活动统计对经济理论的探讨和整个国民经济问题的研究，对政府制定经济政策和进行国民经济的宏观管理，都是十分必要的。国民经济管理的经济统计基础就是产业分类的标准化，即进行标准产业分类。

国际劳工组织制定的《社会保障最低标准公约》中，不仅确定了各种社会保障条款，而且提供了全部经济活动的国际产业标准分类的附录，这是最早的标准产业分类。联合国为了进一步统一世界各国的产业分类，颁布了《全部经济活动的国际标准产业分类索引》，简称《国际标准产业分类》。

《国际标准产业分类》将"全部经济活动"分为十个大项，在每个大项下面分成若干中项，每个中项下面又分成若干小项，最后将小项分解成若干细项，不仅将全部经济活动划分为大项、中项、小项、细项四级，而且各大项、中项、小项、细项都规定有统一的统计编码，便于计算机管理。

其中，十个大项的产业包括：①农业、狩猎业、林业和渔业；②矿业和采石业；③制造业；④电力煤气、供水业；⑤建筑业；⑥批发与零售业、餐馆与旅店业；⑦运输业、仓储业和邮电通信业；⑧金融业、不动产业、保险业及商业性服务业；⑨社会团体、社会及个人的服务；⑩不能分类的其他活动。

联合国颁布的国际标准产业分类的特点是：国际标准产业分类与三次产业分类法保持着稳定的联系，从而有利于对产业结构的分层次深入研究。联合国的标准产业分类法便于调整和修订，也为各国各自制定标准产业分类以及进行各国产业结构的比较研究提供了十分方便的条件。

标准产业分类法提供了一个框架，使各个国家或地区可以在统计和分析经济数据时使用相似的标准。这样做有助于比较国际经济数据、制定政策、进行市场研究和评估产业结构的变化。然而，随着经济的发展和变化，标准产业分类法也会不断更新和调整，以适应新兴产业和经济形势的发展。

四、其他分类法

1. 生产要素集约分类法

生产要素集约分类法是一种将经济活动按其对生产要素使用的程度进行分类的方法。它主要基于生产要素（劳动力、资本、土地和自然资源）的使用效率和比例，以衡量经济活动的集约程度。该分类法用于分析和比较不同行业或产业部门的生产效率和资源利用情况。

2. 产业地位分类法

产业地位分类法是一种将不同产业按其在经济中的地位和贡献程度进行分类的方法。这种分类法主要基于产业对经济增长、就业、创新和国际竞争力等方面的影响，以评估产业的重要性和发展优先级。

3. 产业发展状况分类法

这是根据产业发展的技术状况和变化趋势进行分类的方法，具体包括以下两种分类。

第一，按技术先进程度进行产业分类，分为传统产业和高技术产业。

第二，按产业发展趋势进行产业分类，分为幼稚产业、朝阳产业、夕阳产业、淘汰产业、衰退产业等。

第二节 产业结构变化的趋势与动因

产业结构与经济增长有着非常密切的关系。产业结构的演进会促进经济总量的增长，经济总量的增长也会促进产业结构的加速演进。这已经被许多国家经济发展的实践所证明，特别是在现代经济增长中，产业结构演进和经济发展的相互作用越来越明显。因此，对产业结构的分析和研究越来越受到许多国家的重视。

一、产业结构变动的一般趋势

产业结构作为以往经济增长的结果和未来经济增长的基础，成为推动经济发展的主要因素。产业结构是同经济发展相对应而不断变动的，这种变动主要表现为产业结构由低级向高级演进的高度化和产业结构横向演变的合理化。这种结构的高度化和合理化推动着经济的向前发展。从许多发达国家和新兴工业化国家的实践来看，产业结构的演进（主要是产业结构的高度化和合理化）从不同角度来看有如下规律性。

1. 从工业化发展的阶段来看

产业结构的演进有：前工业化时期、工业化初期、工业化中期、工业化后期和后工业化时期五个阶段。在前工业化时期，第一产业占主导地位，第二产业有一定发展，第三产业的地位微乎其微。在工业化初期，第一产业产值在国民经济中的比重逐渐缩小，其地位不断下降；第二产业有较大发展，工业重心从轻工业主导型逐渐转向基础工业主导型，第二产业占主导地位；第三产业也有一定发展，但在国民经济中的比重还比较小。在工业化中期，工业重心由基础工业向高加工度工业转变，第二产业仍居第一位，第三产业逐渐上升。在工业化后期，第二产业比重继续下降，第三产业继续快速发展，其中信息产业增长加快，第三产业产值比重在三次产业中的地位占有支配地位，甚至占有绝对支配地位。在后工业化阶段，产业知识化成为主要特征。产业结构的发展就是沿着这样的一个发展进程由低级向高级走向高度现代化的。

2. 从主导产业的转换过程来看

产业结构的演进有以农业为主导、轻纺工业为主导、原料和燃料动力等基础工业为重心的重化工业为主导、低度加工组装型的重化工业为主导、高度加工组装型重化工业为主导、第三产业为主导、信息产业为主导等几个阶段。在不同阶段产业结构演进的一般规律如下。

第一，在农业为主导的阶段，农业比重占有绝对地位，第二、第三产业的发展均很有限。

第二，在轻纺工业为主导的阶段，轻纺工业由于需求拉动、技术要求简单、从第一产业分离出来的劳动力便宜等有利因素得到较快发展；第一产业的发展速度有所下降，地位有所削弱；重化工业和第三产业的发展速度较慢。这时轻纺工业取代农业成为主导产业。

第三，在原料和燃料动力等基础工业为重心的重化工业阶段，农业产值在国民经济中的比重已经很小；轻纺工业继续发展，但速度逐渐放慢；而以原料、燃料、动力、基础设施等基础工业为重心的重化工业首先得到较快发展，并逐渐取代轻纺工业的位置成为主导产业。这些基础工业都是重化工业的先行产业或制约产业，必须先行加快发展才不至于成为制约其他重化工业发展的瓶颈产业。

第四，在低度加工组装型重化工业为主导的阶段，传统型、技术要求不高的机械、钢铁、造船等低度加工组装型重化工业发展速度较快，其在国民经济的比重越来越大，并成为主导产业。

第五，在高度加工组装型重化工业为主导的阶段，由于高新技术的大量应用，传统工业得到改造。技术要求较高的精密机械、精细化工、石油化工、机器人、电子计算机、飞机制造、航天器、汽车及机床等高附加值组装型重化工业有较快发展，成为推动国民经济增长的主要推动力。其在 GNP 中的比重占有较大份额，同时增幅较大，成为国民经济的主导产业。

第六，在第三产业为主导的阶段，第二产业的发展速度有所放缓，比重有所下降，特别是传统产业的下降幅度较快，但内部的新兴产业和高新技术产业仍有较快发展。整个第二产业内部结构变化较快，但比重已不占有主导地位。第三产业中服务业、运输业、旅游业、商业、房地产业、金融保险业、信息业等的发展速度明显加快，并在 GNP 中的比重较大或主要份额，成为国民经济的主导产业。

第七，在信息产业为主导的阶段，信息产业获得长足发展，特别是信息高速公路的建设和国际互联网的普及，推动了信息业的快速发展。这一时期，信息产业已成为国民经济的支柱产业和主导产业。人们也常把这一阶段称为后工业化社会或工业化后期阶段。

二、产业结构变化的动因

研究和了解产业结构变动的影响因素可以帮助我们认识产业结构的现状、产业结构变动的趋势和规律以及产业结构变动的内在原因，进而制定相应的产业结构政策来改变产业结构变动的影响因素，以调整产业结构，促进产业结构向合理化、高度化演进。

（一）供给因素对产业结构变动的影响

供给因素从广义上来说包括自然条件和资源禀赋、提供劳动力的人口、投资（包括国内资金供应和外来投资）、商品供应、进口、技术进步等，也包括国内和国际的政治、经济、法律等环境，还包括体制和人的思想、观念等因素，这些因素的变动也往往会引起产业结构的变动。

1. 自然条件和资源禀赋

一国的自然条件和资源禀赋对该国产业结构的形成与变化有重要的影响。一般而言，那些自然资源丰富的国家其产业结构或多或少地具有资源开发型的特性。当然，如果该国国土辽阔、资源丰富，那么该国也可能成为资源开发、加工和利用全面发展的产业结构；而资源匮乏的国家就不可能形成资源开发型的产业，最多只能形成资源加工型的产业结构。由于自然条件和资源禀赋一般是人力因素难以改变的，同时资源禀赋又是一国经济发展的基础因素，因而对一国的产业形成和经济的发展具有重要的影响。受资源制约的国家也可以借助科技的发展和贸易来克服其资源匮乏的弱点。

2. 人口因素

从供给的角度来说，人口因素影响着劳动力的供给程度和人均资源拥有量以及可供给能力的程度。从人口与资源的平衡角度来讲，过度的人口增长会过度地把国内的有限资源转化为衣食供给，以满足人们基本的生活需要。其结果，一方面减少了其他资源的供给，另一方面又减慢了农业人口向第二、第三产业的转移，从而延缓了工业化的进程，阻碍了产业结构的高度化和合理化。所以，依据一国经济发展的条件和水平，保持适当的人口增长率，提高人口素质，对产业结构的高度化、合理化有着重要的影响。

国内外经济发展的历史证明，劳动力丰富且价格低廉、资金又缺乏的国家应该多发展劳动密集型产业；劳动力不足而资金比较充裕的国家应该多发展资本密集型产业。从这个角度来说，劳动力资源的多寡和劳动力素质的高低也决定了一国产业结构调整的方向和产业的发展战略。

3. 技术进步

科技进步是推动一国产业结构变化的最主要因素之一。一国的产业结构表现为一定的生产技术结构，生产技术结构的进步与变动都会引起产业结构的相应变动，一旦技术发生变革，产业结构将会发生与之相适应的改变。科学技术的日益现代化促使各产业部门发生变革，并通过主导产业扩散效应的作用推动相关产业部门不断高度化；技术进步不断拓宽劳动对象，使产业部门不断细化、新的产业部门不断产生；技术进步还不断地引发人们的新需求，从而使新需求成为新产业部门成长的动力。

4. 资金供应状况

资金供应对产业结构变动的影响，一方面包括资金的充裕程度对产业结构的影响，另一方面包括资金在不同产业部门的投向偏好对产业结构的影响。前者主要受经济发展水平、社会发展水平、储蓄率、资本积累等诸多因素的影响；后者主要受投资倾斜政策、投资者的投资偏好、利率、资金回报率等方面的影响。前者主要是资金总量方面对产业结构变动的影响，后者主要是投资结构方面对产业结构变动的影响。投资结构决定了资源向不同产业部门的配置与再配置，因而对产业结构的形成和变化产生影响。可以说，资金供应总量和资金供应结构的变化是产业结构改变的直接原因。

5. 商品供应状况

对产业结构变动产生较大影响的商品包括原料品、中间投入品、零部件、进口品等商品。一般来说，后向关联系数越大的产品对产业结构的影响就越大。商品供应还可以包括电力、原料、燃料的供应，服务的提供，技术的供应等更广的范围。这些商品的供应在很大程度上受制于基础工业、上游工业、后向关联产业的技术水平和产业发展水平。这些产业的技术水平和发展水平影响着产业结构的变动。从发达国家的实践来看，产业结构的高度化也是在基础产业、上游产业或后向关联系数较大的产业得到了一定程度的发展以后，下游产业或前向关联系数较大的产业才能得到比较大的发展。

（二）需求因素对产业结构变动的影响

1. 消费需求

消费需求变动与人口数量、人均收入水平、经济发展周期、经济发展水平、社会发展水平和技术水平等因素密切相关。需求变化一是需求总量的增长，二是需求结构的变化。需求总量与需求结构变化都会引起相应产业部门的扩张或缩小，也会引起新产业部门的产生和旧产业部门的衰落。从总量角度来考虑，人口数量的增加和人均收入水平的提高都会扩大消费需求；经济发展水平、社会发展水平和技术水平的不同，消费水平通常也会不同；在不同的经济发展周期，各种消费需求也会出现波动。从结构角度来考虑，需求结构对产业结构变化的影响最为直接，需求结构的变化促使生产结构和供给结构发生相应变化，从而导致产业结构的相应变化。需求结构包括个人消费结构、中间需求和最终需求的比例、消费和投资的比例等方面。

2. 投资需求

投资是企业扩大再生产和产业扩张的重要条件之一。资金向不同产业方向投入所形成投资配置量的比例就是投资结构。不同方向的投资是改变已有产业结构的直接原因：对创造新的需求投资，将形成新的产业而改变原有的产业结构；对部分产业投资，将推动这些产业比未投资的那部分产业以更快的速度扩大，从而影响原有产业结构；对全部产业投资，但投资比例不同，则会引起各产业发展程度的差异，导致产业结构的相应变化。由于投资是影响产业结构的重要因素，所以政府往往采用一定的投资政策，通过调整投资结构来达到调整产业结构的目标。

第三节 区域经济结构及调整路径

当前，在新的国际国内环境下，我国国民经济正在步入一个新的发展阶段，业已出现了转型发展的特点和转折性的变化，作为省级或省域范围的区域经济也不例外。这种转折性变化突出表现在，经济增长开始由依靠"要素驱动"转向更多地依靠"创新驱动"，"调结构，转方式"，增强发展动力和后劲，都有赖于自主创新能力的提高。打造区域自主创新能力，以自主创新引领产业转型，争创产业发展新优势，成为新一轮区域发展的中心环节和重要支撑，成为区域应对未来持续发展和国际竞争挑战带有战略意义的重大选择。"产业结构升级，一直是我国经济结构调整的重要内容。从经济新常态的提法可以看出，我国产业结构的升级已经进入新的历史时期。在此情况下，进一步从产业结构升级到时空格局演化来分析经济新常态的特征，具有深刻而迫切的需要。"①

一、转型发展下区域结构调整的基本转向

目前我国有的地域经济变革刚开始，有的地域已经改变了很多。区域经济必须顺应国民经济改革的趋势，从根本上将原有短期性战略结构调整为长期战略性结构。创新型产业化成为新时期的战略重点。此次经济改革主要着眼于解决长期生产力提升和发展所存在的困难问题，并以此制订长期发展战略方案。

1. 从横向的扩张性调整转向纵向的提高性调整

以往的区域经济结构调控主要对各种组成要素的功能进行叠加或削减，属于横向量的扩张或收缩性调控。与之不同，新经济时期的区域经济结构改革则是一种纵向的提高，围绕提高效益、提升质量和增加可持续发展力开展改革工作。对产业组织构成、产业技术构成和所有制构成等经济结构进行优化整合，使各要素的功能大大发挥出来，从而实现调控与改革同时进行，在改革中获取新的发展方向和机遇。

2. 从局部封闭性调整转向整体开放性调整

新时期的区域经济改革始终要将局部、单一方面的改革与经济大环境改革统筹兼顾。一方面，经济改革工作的开展要以大开放环境为背景，抓住国内和国际经济市场发展方向，充分发挥本区域的经济优势；另一方面，除了本区域外，其他区域经济动态、发展策略也要纳入本区域经济改革战略影响因素范畴，尤其要注意国家制定的经济规划区、经济

---

① 崔日明，俞佳根. 近年我国产业结构的演化与格局转变 [J]. 河南社会科学，2015，23（2）：15.

重点扶持区，如长三角经济发展区、珠三角经济发展区。

3. 从单纯"刹车式"调整转向发展中调整

科技技术进步和体系革新是新时期内区域经济结构改革的两大动力来源。将要进行或已经在进行的新时期区域经济改革是一种"有进有退"的调整，是在发展中寻求变革，也是在变革中寻求发展，调整是为了更好、更快地发展。不符合经济发展要求、损害生态环境发展的生产力在改革过程中将被废除；能推动产业创新，生成符合经济发展要求的新经济增长点，为区域经济可持续发展提供动力的生产力将备受青睐。

4. 从行政主导性调整转向市场性主导调整

新时期的区域经济结构改革以市场为主导，从广度和深度上大力发挥市场分配资源的基本功能，弱化行政对资源的分配能力。经过改革，区域自主创新能力和市场经济抗冲击能力的显著提高，就是以市场为经济改革核心的最显著体现。同时，新经济增长点的不断增多，则反映出改革后的市场具备了更高的需求创造能力。

二、转型发展下区域结构调整的路径选择

"当前，在新的国际国内环境下，我国国民经济正在步入一个新的发展阶段，业已出现了转型发展的特点和转折性的变化，作为省级或省域范围的区域经济也不例外。"[①] 转型发展下区域结构调整的路径选择，涉及多个方面，其中调整目标、调整的"着力点"和"切入点"、调整中产业的进入和退出、调整的依靠力量等应当是考虑的重点。

1. 明确新国际国内环境下层次更高的结构调整目标

新时期内区域经济结构改革的工作标准、改革具体措施、工作推进方向都必须依据清楚的改革目标，即激发区域经济自主研发、创造能力、提高区域经济综合竞争力和国际竞争力，开展具体工作。区域经济是否具有市场竞争力、区域经济是否可以实现持续发展主要取决于区域自身科技研发创造能力和具有所有权的"核心技术"。单纯依靠引进更多的技术，以这种"数量"和"规模"的增加提高区域经济的市场竞争力和实现可持续发展是不可取的，只有从本质上重点投入区域自主科技研发、创新，聚集和掌握更多本区域的企业"核心技术"，才能建立最佳区域经济产业结构，成功孵化越来越多市场竞争力强悍的本区域产业，使本区域的经济增长动力源源不断。

2. 找准结构调整的"主攻方向"和"切入点"

新时期的区域经济结构改革不能眉毛胡子一把抓，要有的放矢，重点抓产业创新、产

①张绍辉. 转型背景下区域经济结构调整的路径选择 [J]. 山东经济战略研究，2012 (12)：15.

业升级和夯实产业基础。针对高新科技产业，改革重心要放在产业创新上，对传统性产业的改革主要侧重于产业升级，强化产业发展基础设施建设和提高基础产业发展水平，协调不同产业和谐发展就是夯实产业基础。同时，优化调控产业结构、产品结构、技术结构、企业组织结构、投资结构和城乡结构，也是区域经济改革的重要内容。改革工作的着眼点主要包括以下四个方面。

第一，市场实际需要和自身竞争优势。新时期的区域经济改革以市场为主导，只有准确把握住市场机遇，才能收获理想的改革成效。建立在资源优势上的传统经济结构已经滞后，新的区域经济结构建立必须立足于国内外、不同区域的市场需求，极力拓宽产业发展市场空间，加强培育产业竞争力。

第二，资本储备和产业整合。社会资本增量对区域产业发展结构改革具有重要作用。资本存量为产业发展结构改革提供的动力也不能被忽视。产业并购、企业联合等资本存量调整可以形成一批科技研发、创新能力强、产业规模大的大型企业或者产业集团，进一步优化整合产业资源，从而推动区域经济结构改革。

第三，从世界大局出发思考。面对大开放的经济市场环境，区域经济产业是否能抵抗住压力，抓住机遇；面对日益激烈的市场竞争，区域经济产业是否能获得更多的发展资源和市场空间；面对国际经济的变化，区域经济产业是否能顺利融入，这些问题都决定着区域经济产业的竞争力大小、竞争优势的强弱。新时期的区域经济结构改革既要扩大外资引进，也要加深外部资本的利用度，将以往的外资对区域经济增长的"帮助"作用，升级到对创新、提高区域经济的"推动"。与此同时，要抓住国内外创新发展机遇，鼓励、支持本区域产业经营者拓展市场空间。

第四，推进信息化融合。当代社会最显著的特点就是信息化飞速发展。将来的产业发展都将离不开信息技术，信息技术运用得好坏将直接关系着竞争力的强弱。因此，在培养高新科技产业工作中要最大限度地融入和利用信息化技术，如互联网技术、电子商务、线上教育等，从而提高产业信息化，优化资源利用。

3. 建立适应市场经济的产业"进入"和"退出"机制

一批具有高发展潜力的产业是区域经济发展和产业结构转型的重要支撑。培养具有长期成长能力的优质产业，势必要打破传统的行业封闭、区域限制、所有制制度，建立有利于产业升级和经济结构改革的资源流通桥梁。目前在某些基础产业、基础设施、金融服务等领域垄断性较为突出，非国有经济、行政性板块之外的企业想要"进来"，就必须从根本上铲除行业垄断。对一切不同类型合法企业一视同仁，公平、平等竞争。建立科学合理的产业"退出"制度，废除保守持旧的经济管理体制和企业体制，从而优化生产能力，避免在某些领域出现不正当竞争。通过"退出"制度，市场经济充分发挥市场主导作用，优胜劣汰，调控效益负增长产业资源，科学利用重复建设资源，加强整合产业力度，促进产业升级，助力区域经济结构改革。

4. 依靠政府、市场、企业、民间等多维力量撬动调整

第一，政府宏观调节与市场主导齐头并进。当政府宏观调节功能在某些领域内发挥不了作用时，市场可以充分发挥经济主导功能。市场环境持续优化，新的资源、新的投资主体不断出现，构成了多元化市场格局。政府宏观调节力量要用在如高新科技产业开发、基础设施建设、环境保护与生态建设、制定产业规划、产业发展政策和产业引导等市场调控顾及不到的领域。政策和制度资源调控与资本调控同等重要。体制创新和科技创新可以从本质上促成新的市场调节结构。

第二，充分发挥区域经济内外市场活动主体的不同作用。区域经济内外市场的活动主体包括大企业和中小型企业。在经济结构改革和产业调控过程中，大企业要在存量和增量两方面"唱主角"。中小型企业虽不及大企业有实力，但也具有独特优势，因此将作为"急先锋"。

第三，区域经济产业发展和结构改革需要民间资本支持。区域经济产业发展和结构改革借助民间资本可以实现大幅度提高产业生产力和经济增长。为了发挥民间资本的力量，区域经济和产业结构改革要加大开放投资范围，秉持"放手发展""公平竞争"和内外资平等原则，削弱对民间投资控制力度，如民间资本可以独资经营；政府和民间资本可以依照股份划分共同经营；民间资本和国外资本可以合资经营等。利用市场调节作用，向民间投资开放更多行业，创新融资途径，制定完善的信息发布制度，增强对民间资本的保护和管控。

第四章　社会保障基金及其相关关系

第一节　社会保障基金的特点与功能

社会保障是一个很重要的经济和社会问题。社会保障的主要作用是帮助人们降低生活和工作中可能遇到的风险，保障社会成员的基本生活，增强他们的生活安全感。"社会保障制度作为一项重要的社会分配机制，事关人的基本生存权，直接影响着人类的文明和社会进步，目前已在全球范围内逐步建立和完善起来。与此相适应，政府社会保障支出也逐步发展成为政府支出的重要组成部分，其规模日益扩大。"①

社会保障是国家通过立法并依法采取强制手段对国民收入进行再分配，对暂时或永久失去劳动能力及因各种原因造成生活困难的社会成员提供基本生活保障，以保证劳动力再生产、社会安定和经济稳定增长的一种社会制度。

"社会保障基金，是国家依法筹集并用于保障国民基本生活和增进国民福利的专项资金，它是社会保障制度的基础和条件。"② 而这一行为的实施必须以一定的资金为保证。可以说，一国的社会保障制度实际上就是围绕社会保障基金的筹集、投资运营和给付全过程而设计和制定的。而社会保障基金则是指根据国家立法，为了实现社会保障制度的正常运行而积累的基金。

一、社会保障基金的特点

社会保障基金具有强制性、互济性、积累性的特点。

1. 强制性

社会保障基金是国家通过法律法规强制筹集、管理和使用的，它的运用受到法律法规的规范和限制。社会保障基金的缴费标准、缴费项目、待遇给付及给付条件等均由国家的

---

① 于长革. 政府社会保障支出的社会经济效应及其政策含义［J］. 广州大学学报（社会科学版），2007，6（9）：36.
② 朱军. 社会保障基金筹集研究［J］. 理论界，2005（6）：91.

法律法规或地方政府的条例统一规定，任何单位和个人均无自由选择和更改的权利。凡属于法律规定范围内的成员都必须无条件参加基本社会保障制度，按规定履行缴纳社会保障费或社会保障税的义务。社会保障基金管理机构必须依法实施社会保障基金的投资运营，确保社会保障基金具有稳定的资金来源和安全有效的基金管理方式。

2. 互济性

互济是社会保障的一个重要特点，社会保障基金是通过国民收入再分配形成的，是社会成员之间互济性的反映。特别是对某些社会保险项目而言，每个人发生风险的概率大不相同，但在基金筹集时并不考虑这种差异，而是按统一标准筹集。这样就会出现每个人享受的社会保险待遇不一定等于其对社会保障基金的贡献情况。有些人的收益大于贡献，有些人的贡献大于收益，这就是社会保障基金互济性的体现。

3. 积累性

在完全积累制或部分积累制情况下，由于从社会保障缴费到社会保障金支出有一个长期的时间差，从根本上要求社会保障基金管理机构能利用积累形成的社会保障基金进行投资组合管理，在动态经济条件下实现社会保障基金的安全营运、有效投资和保值增值，从而在提高资本形成效率、实现社会保障制度、资本市场与国民经济的互动协调发展的基础上，使社会劳动者因社会保障基金的积累而得益，进一步增进社会保障制度的福利性。

二、社会保障基金的功能

劳动者生产出来的物质资料是经济与社会发展的基础。因此，为维持社会生产的正常进行，保护劳动力的再生产，保障劳动者及其家庭生活安定，国家有必要建立一种制度，用一定的方式筹集备用基金，当劳动者因社会风险而受到损失时，即由基金出资给予一定的经济补偿。社会保障正是这样一种制度。因此，对劳动者及其家庭提供基本生活保障，是社会保障基金的基本功能。

1. 稳定社会的减震器

劳动者的老、弱、病、残、孕及丧失劳动能力，在任何时代和任何社会制度下都是普遍存在的客观现象。在现代社会，随着生产的高度社会化和分工协作的发展，风险因素更是日益增多，危害程度也在加剧。在为数众多的劳动者因各类风险和收入损失而陷入生计无着落，并得不到及时解决的时候，就会成为社会的一种不安定因素。对遇到劳动风险的劳动者及其家庭提供社会保障金补偿，可以保障其基本生活，从而有效地消除这种不安定因素，减少社会的动荡。

2. 劳动力再生产顺利进行的重要保证

劳动者因疾病、伤残、失业而失去正常的劳动收入，会使劳动力再生产过程陷入不正常状态。有了社会保障金，劳动者在遇到上述风险事故时，可获得必要的经济补偿和生活保障，使劳动力得以恢复。例如，医疗保险所提供的医药费补贴和治疗服务，有助于患病和受伤的劳动者早日恢复健康，重返工作岗位。

3. 调节收入差距的特殊手段

在市场经济条件下，由于人们在劳动能力、社会机遇等方面的差异，劳动能力较弱或家庭负担较重的劳动者，平时生活比较困难，若遇上风险事故，其个人及家庭生活就可能陷入困境，社会分配差距会进一步扩大。对这种分配差距若不加以适时的调节，就会激化社会成员之间的矛盾，这对社会稳定和生产发展都是不利的。社会保障可以通过法律手段，强制征集保障基金，再按照社会公平原则分配给收入较低或失去生活来源的劳动者，帮助他们渡过难关，这在一定程度上调节了社会劳动者的收入差距，有利于实现社会的公平分配。

4. 对经济发展起促进作用

社会保障基金对经济发展起的促进作用主要表现在两个方面：一方面，经济的发展需要稳定的社会环境，社会保障通过社会保障基金的筹集和发放，对社会成员收入水平进行调节，对其基本生活提供多方面的保障，避免了一部分人因生活陷入困境而产生对抗社会的现象，缓和了各阶层矛盾，从而为经济发展创造稳定的社会环境，这是社会保障基金对经济发展的最大贡献。另一方面，社会保障通过对劳动者的多方面保障又直接促进经济的发展，如社会保险既是劳动力资源的高效配置的关键性机制，又是促进劳动者身体、心理及技能素质提高的重要保障机制，从而对经济发展起着直接的促进作用。

此外，雄厚的社会保障基金还能有力地支撑经济发展，并对资本市场和经济发展的格局产生影响。

5. 对社会文明发展起促进作用

社会保障是一种社会互助共济的经济形式，体现了互助合作、同舟共济的思想。公民参加社会保障遵循的是权利与义务基本对等的原则，体现了公民先尽义务、后享权利的关系，有利于处理好个人利益与社会利益、眼前利益与长远利益之间的关系，这对增强公民的责任感具有积极的意义。社会保障基金的筹集和发放还为发扬敬老爱幼、扶贫济困、友爱互助精神创造了良好的社会物质条件。这些都表明，社会保障具有促进社会文明发展的作用。

第二节　社会保障基金管理的目标

社会保障基金管理的目标是指进行社会保障基金管理所追求、要达到的状态。为了实现社会保障基金管理目标，需要建立相应的社会保障基金管理体制，社会保障基金管理体制的设置和运作效率，将影响社会保障基金管理目标的实现。

以下仅从确保社会保障基金安全、讲求社会保障基金效益两个方面加以阐述。

一、确保社会保障基金安全

1. 社会保障基金安全的内涵

确保社会保障基金安全是社会保障基金管理的首要目标。社会保障基金始终会面临一定的风险，可以通过法律法规、内控制度、工作流程等尽可能地使风险降低到可接受的范围内。比如，社会保障基金以银行存款的方式进行保管也未见得安全，因为银行可能倒闭破产，但是管理机构可以规定银行存款机构的资质，降低社会保障基金所在银行面临破产的风险，或者规定社会保障基金在一家银行的存款上限，从而分散一家银行破产对社会保障基金的影响程度。因此可以理解为：社会保障基金安全是指一种状态，在这种状态下基金的存在形式、管理主体、投资、给付、使用等均合规合法。

2. 确保社会保障基金安全的意义

确保社会保障基金安全之所以成为社会保障基金管理的首要目标，首先是因为社会保障基金的性质。社会保障基金是老百姓的养命钱，这一点毋庸置疑。因此，社会保障基金不是政府可以支配的财政资金，也不是经办机构可以用于支付工作人员工资奖金的资金，负责筹资的人员也不能从筹资中获得提成。其次是因为社会保障基金是否安全影响重大。社会保障基金的安全直接影响社会保障制度功能的实现，还会极大地影响政府的信誉，因为政府是社会保障制度的建设者，而社会保障基金管理是整个社会保障制度的核心。因此，社会保障基金的安全受到整个社会的重视。不管是政府还是百姓，以及媒体都关心社会保障基金的安全，特别是媒体对社会保障基金安全性的相关报道能起到监督和放大作用，社会影响广泛而深远。

3. 确保社会保障基金安全的措施

第一，坚持收支两条线管理。为了确保社保基金的安全，应做到专款专用。社保基金要进行专项管理，通过在银行开设专用账户存储和管理社会保障基金，做到社保基金收支两条线。专用账户包括三类：收入户、财政专户和支出户，将一户管理转为三户分开管理，使账目和资金流向一目了然，从机制上避免暗箱操作。坚持基金收入由参保单位直接缴到开户行，每月末将收入户的基金全部转存财政专户。基金支付必须首先提出书面拨款计划，经审核签字后从财政专户拨入支出户。以往上海等地的社保基金只设收入户，没有支出户及财政专户，基金的收入、提取、支付全由地方社保部门说了算，不透明运作导致社保基金的使用随意性大，容易受领导和行政力量左右。

第二，严格把关社会保障基金支付环节。经办机构要根据财政部门核定的基金年度预算及月度收支计划，按月填写财政部门统一印制的用款申请书，并注明支出项目，加盖本单位用款专用章，在规定的时间内报送同级财政部门。财政部门对用款申请书进行审核，对不符合规定的凭证和用款手续的，财政部门有权责成经办机构予以纠正。财政部门对用款申请审核无误后，应在规定的时间内将基金从财政专户拨入支出户。对退休人员养老金实行委托银行直接发放，并注意做好防止参保单位挪用、挤占离退休人员养老金、虚报退休人员等信息的审核工作。

第三，加强社会保障基金经办机构内部管理。内部控制是社会保险经办机构的自律行为，是对劳动保障系统内部职能部门及其工作人员从事社会保险管理服务工作及业务行为进行规范、监控和评价的方法、程序、措施的总称。内部控制建设的目标是建立一个公开透明、运作规范、执行有力、管理高效、监控严格、考评科学的内部控制体系，确保各项社会保险法律、法规和行政规章的实施。各社保经办机构应当建立健全内部控制度并严格执行。在组织机构方面，按照业务需求设置内部机构，科学确定工作岗位和人员，明确组织机构和各岗位工作职责，构建有效的相互制约、相互监督的组织体系；在业务运行方面，制度和流程清晰、材料明确、审核点得当，确保社保制度的正常运作；在财务控制方面，建立明确的会计操作规程，规范使用会计科目，加强票据的管理，定期向社会公布各项社会保险基金收支和结余情况；在信息系统控制方面，科学、合理地划分业务经办部门工作人员和信息管理部门工作人员计算机信息管理系统的操作及使用权限，严格授权管理。定期对各项业务数据及操作日志进行检查，确保设备正常运转和基金的安全。

第四，加强社会保障基金的稽核和监督。为确保基金安全完善，防止社会保险基金的流失和挪用、挤占，应当加强对社会保障基金的监督，设置相应的岗位或科室，专门负责对参保单位进行稽核等日常工作，建立重大要情报告制度，配合相关机关做好基金审计工作，对审计中提出的问题及时整改，及时纠正。稽核部门依照社会保险政策法规和有关制度，对社会保险经办机构内部控制制度的建立和执行情况以及各个业务环节进行检查，并进行综合评价，通过日常检查、专项检查、年度综合评价等检查方式，实现对经办机构管理全过程的控制和监督，确保社会保险经办机构管理工作的依法合规。

二、讲求社会保障基金效益

1. 效益的内涵与构成

第一，效益、社会效益与经济效益。效益是一种有益的效果，可以分为直接效益与间接效益，也可分为经济效益与社会效益。经济效益是在经济活动中所取得的收益性成果；社会效益是这种活动对社会发展的积极作用。经济效益是资金占用、成本支出与有用生产成果之间的比较。所谓经济效益好，就是资金占用少，成本支出少，有用成果多。社会效益是人们的社会实践活动对社会发展所起的积极作用或产生的有益效果。

第二，社会效益与经济效益之间的关系。社会效益与经济效益之间的关系体现为两者既有联系，又有区别。社会效益与经济效益之间的联系体现在人们的活动产生的效益往往同时包括经济效益与社会效益；经济效益是社会效益的基础，追求社会效益可以成为提高经济效益的重要条件。社会效益与经济效益之间的区别体现为经济效益较社会效益更为直接和显而易见，经济效益可以运用若干个经济指标来计算和考核，社会效益难以计量，必须借助其他形式来间接考核。当两者产生冲突、矛盾时，经济效益要服从社会效益。对企业而言，从事生产和服务的根本目的是盈利，生存至关重要，因此会把经济效益放在首位，国家可以通过行政、法律等手段规范其生产经营行为，使其在追求经济效益的同时不损害社会效益。

2. 社会保障基金的双重效益

第一，社会保障基金双重效益的体现。社会保障基金具有双重效益。社会保障基金的社会效益体现为追求和实现社会公平与稳定，促进社会成员的协调发展。社会保障基金的经济效益包括内部经济效益和外部经济效益。内部经济效益体现为社会保障基金的保值增值，并实现社会保障基金收支平衡；外部经济效益体现为社会保障基金推动社会生产力的发展。

第二，社会保障基金双重效益的实现。社会保障基金社会效益的实现重在给付环节，保证专款专用；筹资环节也会影响其社会效益。内部经济效益的实现重在合理设置经办机构、制定严格统一的费用开支制度、重视并加强社会保障基金精算。外部经济效益的实现重在投资环节，有效运营社会保障基金。

第三，社会保障基金双重效益的关系。社会保障基金的社会效益与经济效益是目标与手段的关系，社会保障基金管理要高度重视对两者关系的调整，认识和界定两者的区别，在观念和实践中保持两者的协调。始终坚持以社会效益的实现为目标，不能本末倒置地将经济效益置于社会效益之上，社会保障基金所取得的经济效益必须用于增进社会保障基金的社会效益。

第三节 社会保障基金与国家财政

一、财政的特征与职能

（一）财政的概念

在不同的场合，财政概念的内涵不同。有的场合将财政视为经济范畴，有的场合将财政视为主体。在不同的语境下，将财政视为经济范畴是指财政活动，将财政视为主体是指财政部门。

1. 视为经济范畴

将财政视为经济范畴时，财政是指以国家为主体的经济行为，是政府集中一部分国民收入用于满足公共需要的收支活动。这是一种经济行为或经济现象，是以国家为主体，为了实现国家职能的需要，参与社会产品的分配和再分配及由此而形成的国家与各有关方面之间的分配关系。

2. 视为主体

将财政视为主体时，财政是指国家或政府的一个经济部门，即财政部门。财政部门是国家或政府的一个综合性部门，通过其收支活动筹集和提供经费和资金，保证国家或政府财政职能的实现。

（二）财政的特征

财政具有公共性、非营利性与法制性三大特征。

1. 公共性

公共性是指满足社会公共需要。财政的职能范围以此为界，凡不属于社会公共需要领域的事项，财政就不去介入。政府部门作为财政职能的执行者，应当满足公共性的要求，追求公共利益而非部门利益、个人利益。

2. 非营利性

政府作为社会管理者，与企业的商业活动存在本质的差异，其收支行为不是也不能追求取得相应的报偿或盈利。非营利性的要求与特点基于财政具有公共性。财政收支只能以满足社会公共需要为目标。因此，政府部门应当退出生产经营性领域，不能直接从事市场活动和追逐利润，应将生产经营活动交还给企业。通过满足社会公共需要的活动，为政府发挥其社会管理职能提供必要的物质基础。财政资金的支出应以满足社会公共需要和追求社会公共利益为宗旨，绝不能以盈利为目标。基于非营利性特征，政府的财政活动不应当一味地追求财政收入的规模与增长，而应当重视资金使用的流向与效率。

3. 法制性

政府的经济行为同样要遵循市场经济下法治经济的要求。政府的资金收支运作必须在法律法规的约束规范下进行，对财政收支涉及的所有当事人及其行为约束都应当遵循法律法规。法律法规不仅约束公民要求其强制交税，也约束政府部门要求其依法征税。税目的增减、税率的调整都应当符合法律规定的程序。社会公众与政府机构在法律面前平等，社会公众受到法律的约束，政府机构的行为和资金运作受到法律的规范，从而确保社会的根本利益。

法制性不同于强制性。强制性仅仅强调财政凭借国家政治权力强制实施，向公民强制征税，偷税、漏税、抗税属于违法行为，从财政收支角度而言只注重财政收入方面，从涉及当事人而言只强调公民的义务。法制性则更为全面，既注重财政收入，也规范财政支出；既强调对纳税人的义务，也强调征税人的义务合法合规，并不因其是资金征缴的主体而凌驾于法律之上。

在财政的公共性与非营利性的要求下，财政向社会提供公共产品。公共产品具有两个特点：①非竞争性。所谓非竞争性，是指受益对象之间不存在利益冲突，例如，国防保护所有公民，不因增减一人而变化。②非排他性。所谓非排他性，是指产品在消费过程中所产生的利益不能为某个人或某些人所专有，消费不具有排斥性，例如，消除空气污染能让所有公民受益。根据公共产品这两个特点或是其中的一个特点，可以进一步将公共产品分为纯公共产品和准公共产品。纯公共产品是整个社会共同消费的产品，同时具有非竞争性与非排他性两个特点，例如，国防给人们带来安全利益。准公共产品仅具有两个特点之一，也称混合品。例如，教育具有非排他性，但不具有非竞争性，因为教育的边际成本不为零。

（三）财政的职能

财政具有三大职能：资源配置职能、收入分配职能、经济稳定和发展职能。

1. 资源配置职能

资源的配置有市场机制和政府机制两种方式。市场对资源配置起决定性作用，但由于垄断、信息不对称等原因，仅仅依靠市场机制并不能实现资源配置的最优化，需要政府发挥资源配置的作用。换言之，市场这只看不见的手最终自发形成的资源配置结果不可能实现最优的效率状态，提供的商品和服务数量有可能出现过度或者不足，资源配置缺乏效率，存在缺陷甚至市场失灵，因而需要政府介入和干预资源分配，弥补市场的失灵和缺陷，最终实现全社会资源配置的最优效率状态。要实现财政的资源配置职能，需要研究如何有效地结合政府与市场，提高资源配置的总体效率。政府要积极稳妥地从广度和深度上推进市场化改革，依据市场规则、市场价格、市场竞争配置资源，实现效益最大化和效率最优化，与此同时，政府要大幅度减少对资源的直接配置，保持宏观经济稳定，加强和优化公共服务，防止冲击甚至排挤市场在资源配置中的决定性作用。为此，政府需要合理控制财政收入规模，优化财政支出结构，并且提高财政资源配置本身的效率。

2. 收入分配职能

财政的收入分配职能是政府为了实现公平分配的目标，对市场经济形成的收入分配格局予以调整的职责和功能。在市场机制作用下，由于各经济主体或个人拥有的禀赋与资源不同，以及各种非竞争因素的干扰，不同主体的收入会出现较大差距，从而存在起点、过程与结果的不公平。财政通过调节收入分配水平，将一定时期内的国民收入在国家、企业、个人之间进行再分配，从而在不同主体之间形成较为合理与公平的分配比重与结果，不至于畸高畸低，有利于缩小收入差距，彰显社会公平。财政实现再分配的手段有：

（1）加强税收调节，主要体现在两方面：一是采用累进所得税制，对高收入家庭课征所得税，并对低收入家庭给予补助，实现税收转移支付；二是对主要由高收入消费者购买的产品进行课税，并同时对主要为低收入消费者使用的其他产品给予补贴。

（2）完善社会福利制度，使低收入者实际收入增加，个人收入差距缩小。

（3）规范工资制度。

（4）建立统一的劳动力市场，促进城乡之间和地区之间人口的合理流动，调动劳动者的劳动积极性，遏制城乡差距和地区差距的进一步扩大。

3. 经济稳定和发展职能

保证社会经济的正常运转、保持经济稳定发展是财政的重要职能，即要实现充分就业、稳定物价水平、平衡国际收支。根据经济发展形势、变化趋势，可以采用积极的财政政策或消极的财政政策、积极的财政政策或扩张的财政政策，从而在经济处于高峰期时抑制需求，在经济处于低谷时刺激需求，促使经济复苏。政府的税收政策、社会保障政策、农产品价格支持制度等都是实现经济稳定发展的重要措施和手段。有效的财政政策能促进经济结构调整，实现经济稳定与发展，尤其是在宏观经济运行发生周期性波动甚至经济危机的情况下，通过财政政策的扩张或收缩，可以熨平波动、减缓危机。

二、社会保障基金财政职能的体现

财政的资源配置职能、收入分配职能、经济稳定和发展职能这三大职能在社会保障基金中都有所体现，都和社会保障基金息息相关。在财政的资源配置职能中，财政投资要向教科文卫、社会保障等民生性领域倾斜，向困难地区或群体倾斜；在财政的收入分配职能中，通过社会保障进行转移性支出，使每个社会成员维持起码的生活水平；在经济稳定与发展职能中，要构建和谐社会，就要消除贫困、失业、疾病和收入分配不公等现象，这都需要建立健全医疗保险、就业保障、社会救助等体系。

（一）社会保障基金的资源配置职能

社会保障基金的资源配置职能具体体现在储蓄、投资与国债三个方面。

1. 社会保障基金与储蓄

一方面，筹集社保基金会直接影响个人与企业的储蓄倾向与消费倾向；另一方面，社会保障基金的支付能增进受益者的购买力并进而影响到其未来预期，促进消费，改变其消费行为，从而改变社会储蓄。

2. 社会保障基金与投资

社会保障基金是消费基金，但是社会保障基金在用于消费之前，能作为投资基金进入资本市场或基础建设投资，是影响社会总投资的重要因素。

3. 社会保障基金与国债

各国往往规定社会保障基金的一定比例应当用来购买国债，有的国家（如美国）曾发行专门面向养老基金的国债。社会保障基金购买国债能促进公共事业的发展。

（二）社会保障基金的收入分配职能

社会保障基金具有收入分配职能，因为社会保障基金以税收或者收费的方式集中到政府手中后，能通过转移支付来保障特殊社会成员的基本生活。"作为基本制度保障、重要制度安排和治国安邦大问题，社会保障由社会保险和社会福利两个基本部分组成。社会保险实行权利与义务对等的分配原则，财政承担对社会保险优值品的补贴责任。社会福利是国家通过一般公共预算对公民提供帮助和福祉的公共品，财政承担全部支付责任。"[1]

---

①丛树海. 共同富裕目标下社会保障分配的财政定位：基于"公平公正共享"理念的社会保障制度建设 [J]. 社会保障评论，2022，6（5）：3.

1. 社会救助基金

通过社会捐赠、财政拨款等资金筹集方式保障生活困难群体、低收入群体的基本生活。

2. 社会保险基金

通过强制要求企业和劳动者缴费筹集社会保险基金，用于失业者、年老者、工伤者及其家属等的基本生活保障。

3. 社会福利基金

社会福利基金的对象主要为残疾人、孤儿、老人等，为其建设敬老院、孤儿院，提供相应的设施与服务。

（三）社会保障基金的经济稳定和发展职能

社会保障的经济稳定和发展职能主要体现在两方面：首先，社会保障基金自身具有经济的"自动稳压器"功能；其次，在经济波动起伏时，社会保障基金成为"相机抉择的财政政策"工具之一。

1. 社会保障基金自身是"自动稳压器"

当社会保障基金支出水平及社会保障费率保持不变时，社会保障基金能随经济情况的变化调节供求关系。当市场供过于求，经济陷入萧条时，导致失业金支出增加时，失业者得到失业津贴后购买力增强，消费增长，从而阻止经济下滑，社会需求上升，供求关系趋于平衡。

2. 社会保障基金成为"相机抉择的财政政策"工具之一

"相机抉择的财政政策"的含义是针对不断变化的经济形势灵活地变动财政政策。社会保障基金成为"相机抉择的财政政策"工具之一，其作用机制体现在通过改变社保费率和支付水平，调节供求关系，稳定经济。当市场供过于求，经济陷入萧条时，一方面可以提高失业金支付标准、延长支付期限，另一方面可以减少社保费率或者让企业缓缴社保费。前者使失业金支出增加，后者使得社保收入减少；一增一减双管齐下，社保基金支出大于收入，从而有力阻止经济下滑，扩大社会需求，供求关系趋于平衡。

第四节　社会保障基金与金融市场

一、金融市场对社会保障基金的影响

从 20 世纪 90 年代起，养老保险基金开始全面进入资本市场。作为全球最大的机构投资者，养老金基金进入资本市场对扩充资本市场规模、优化资本市场结构、增强资本市场的竞争性、完善资本制度、催生新的金融品种和服务项目等均产生了深远的影响。同时，稳健、规范、有序的金融市场又为养老金基金的保值增值提供了基本途径和渠道。养老金基金与资本市场的这种良性互动效果引起了广泛关注。由此可见，社保基金与金融市场，特别是资本市场之间的关系不是单向的，更多是互依互存、相互影响。金融市场影响社保基金的发展主要体现为经济增长效应和投资收益效应，社保基金进入资本市场也会对资本市场的规模与产品等产生深远的影响。

（一）社保基金与资本市场的良性互动

社保基金与资本市场要实现良性互动，既取决于实体经济的持续增长与宏观经济的相对稳定等经济社会条件，也取决于健全的法律制度等制度性条件。

1. 社保基金与资本市场良性互动的经济社会条件

（1）实体经济的持续增长与宏观经济的相对稳定。实体经济的持续增长与宏观经济的相对稳定是社保基金实现与资本市场良性互动的根本物质基础。实体经济保持增长，宏观经济趋于稳定，社保基金与资本市场才具有可持续发展的真实物质基础，不会造成社保制度与金融市场的参与者对制度和市场预期发生紊乱，从而避免出现剧烈波动。

（2）相对完善的金融结构和富有效率的金融市场。资本市场的完善与发展在相当程度上是社保基金投资资本市场成功与否的重要外部条件。宏观金融环境的稳定是养老金投资的基础条件，它要求金融市场具有良好的信用环境，有序的价格形成机制，在物价水平、实际利率和实际汇率等方面都要具备稳定的市场条件，从而为养老金投资提供良好的市场环境。若金融市场的改革与发展跟不上，金融产品匮乏，金融市场缺乏效率，社保基金投资进入资本市场就会面临很大的潜在风险，甚至连银行存款也将受到一定的威胁。在银行主导型的金融体系中，社保基金对资本市场的影响较小；在市场主导型的金融体系中，社保基金对资本市场的稳定和发展起到重要作用。

（3）具有可持续发展的社会保障制度。社保基金与资本市场实现良性互动要求金融市场的发展相对完善与成熟，也要求社会保障制度具有可持续性。社会保障制度可持续发展是一项复杂的系统工程。全球人口的快速增长和人口结构变化导致的人口老龄化给各国社会保障制度的可持续发展提出了严峻挑战。美国、英国、法国、日本等发达国家纷纷采取推迟退休年龄、延长缴费年限等改革举措，力保社会保障制度的可持续发展，改革能否成功仍需拭目以待。社会保障制度的可持续性将影响社保基金收入来源的稳定性、影响社保基金的规模与安全性，进而影响到社保基金与资本市场之间的关系。

（4）完善的现代企业制度与企业治理结构。企业是市场竞争的主体，也是经济增长的主体，还是资本市场将社会储蓄转化为投资的重要载体。在资本市场中，只有具有市场竞争优势的企业才具有融资优势。社保基金在资本市场上的投资对象实际上是股票所代表的企业，因此，企业的制度完善、产权明晰、独立核算、自我约束与信息披露等都将影响股票的价值，从而决定着资本市场的投资价值。

2. 社保基金与资本市场良性互动的制度性条件

（1）健全的法律制度与法治原则。法制与法治是两个概念。健全的法制是指一个国家或社会的法律规范和相关的法律制度、组织机制等制度框架，是静态的概念。法治则是动态的过程，不仅是一种理性的处事原则、宏观的治国方略，更是一种理想的社会状态，体现社会文明的进步。社保基金与资本市场良性互动，在制度性条件中的首要条件就是健全的法律制度与法治约束，建立高于个人、机构、政府之上的法律权威。

（2）对金融市场和社保基金的有效监管。为了保证金融市场机制，限制和消除不利于市场运行的诸如各种非法交易、投机活动、欺诈手段等因素，保障市场参与者的正当权益，进而保证国民经济秩序的正常运转，国家或政府金融管理当局和有关自律性组织机构需要对金融市场的各类参与者及其融资、交易活动做出规定，进行适当的监管。社保基金的安全与完整直接关系到广大参与者的切身利益，关系到社会稳定，应当建立权责明确的监管机构进行行之有效的监管。对金融市场和社保基金进行有效监管，是实现社保基金与资本市场良性互动的重要制度条件。

（3）良好的信用环境。信用秩序混乱将对社会经济生活造成严重危害，不仅严重破坏市场秩序，提高市场交易成本，降低经济运行效率，而且直接影响和制约市场机制配置资源作用的正常发挥。失信在资本市场中体现为欺骗瞒报、披露虚假信息和恶意炒作等行为；在社保制度中体现为欠缴、隐瞒甚至拒缴社保基金，无论是金融市场的失信行为还是社保制度中的失信行为，都对社保基金与资本市场的良性互动形成桎梏和阻碍，建立健全的信用制度和良性的社会信用环境显得日趋重要。

（4）其他非正规制度的影响。习俗、传统、文化、心理等非正规制度会对社保基金和资本市场建设起到影响和制约等作用。比如，离开父母到大城市打拼的社会观念取代了"父母在，不远游"的传统思想，出现农村年轻人离乡背井到城镇打工、小城市年轻人涌入大城市谋生，这将深刻地影响社会保障制度的覆盖人群和参保情况，由此带来一系列的制度影响甚至变革，比如社保基金的异地转移、退保潮的出现等。

（二）金融市场对社保基金发展的影响

1. 金融市场的经济增长效应

金融市场对社保基金发展的经济增长效应体现在金融市场的发展影响社会总需求，从而推动实体经济的发展，实体经济的发展将提高国民收入水平，进而促进社保基金积累规模的增长。

（1）金融市场对经济增长的影响。金融与经济增长的关系历来是经济学家感兴趣的领域，经济学家不仅证明金融发展水平与经济发展水平关系密切，而且具有明显的因果关系。麦金农等学者在20世纪60年代通过实证研究证明金融对经济发展具有推动和促进作用。这种影响包括三个方面：①有效的金融体系能将社会上的剩余资金投入社会经济活动中，实现资源的合理配置；②良好的金融体系对企业经营起到促进作用；③金融体系具有分散和减少经济运行风险的作用。

（2）金融市场对实体经济的传导机制。金融市场对实体经济的传导机制有四个路径：①财富效应，资产价值的变化提升人们的消费水平，进而影响总需求和总产出；②流动性效应，金融资产流动性较好，使投资者认为出现财务困难的概率大大减少，从而增加耐用品与住房支出，拉动社会总需求和总产出的扩大；③托宾效应，资产价格的上扬将使社会公众持有更多的金融资产，企业融资成本减少，当企业的市场价值大于企业的重置成本时，企业能以相对较高的价格发行股票，从而增加投资，扩大总产出；④非对称信息效应，该效应也称为信贷观点，是指信贷市场上普遍存在信息不对称，导致逆向选择和道德风险，银行贷款意愿下降，企业投资受阻。资本市场资产价格的上涨意味着企业违约概率降低，降低放贷人风险，从而鼓励融资贷款，带动企业投资与总产出。

（3）实体经济增长对社保基金发展的传导。实体经济的增长决定着国民经济的增长，社保基金来源于国民收入。因此，国民收入的增长将直接影响社保基金的规模。从社保基金缴费主体而言，缴费主体不外乎国家、企业和个人。个人的缴费源于工资，工资的增加显然有助于社保基金规模的扩大；企业的缴费来自企业的税前利润，企业效益越高，越具有缴费能力；国家的经济实力越强，意味着越有能力加大对社会保障基金的投入。

2. 金融市场的投资收益效应

资产的充分分散化有利于化解投资风险，特别是非系统风险，优化投资组合的有效边界，从而提高投资收益率，促进社保基金的增长。金融市场对社保基金投资的影响主要体现在以下三个方面。

（1）稳健有序的金融市场是社保基金安全有效营运的基本前提。稳健、规范、有序的金融市场是社保基金投资营运、保值增值的基本约束条件。社保基金的安全性和收益性与参保职工的收益和社会稳定息息相关，要求金融市场要有良好的秩序，保持较高的公正性和有效性。

（2）金融市场的成熟度将影响和制约社保基金的发展。金融市场的成熟度将影响社保基金的投资模式与监管模式。金融市场相对比较成熟的发达国家，金融市场的价格形成机制和价格发现机制正常流畅，可以采用基金制社保模式，甚至可以赋予参保人投资选择权，因为国民的金融投资意识相对成熟。在监管原则上也可以偏向于审慎管理原则，让基金管理公司进行市场化竞争，并合理运用金融衍生工具等避险型金融工具，投资于股票和境外金融市场。在金融市场发育程度低的发展中国家与新兴国家，往往难以采用基金制社保模式，多集中管理并偏向于严格监管模式，对资产配置进行严格的比例限制，限制境外投资，并且弃用衍生金融工具，因为资本市场的缺陷可能给社保基金带来巨大的风险。

（3）金融市场的开放度决定社保基金投资的资产质量及结构。在金融市场开放度相对较高的国家：①社保基金投资的币种结构多，能避免本国或一国币种波动对投资价值的负面影响；②社保基金可以境外投资，或者境外投资的比例相对较高，能在更大范围内分散投资风险；③社保基金投资的资产负债管理能在更大范围内进行匹配，提高其资产配置的灵活性，增强风险防范能力。

二、社会保障基金对金融市场的影响

（一）社保基金在金融体系中的地位

1. 社保基金是金融体系中重要的机构投资者

在金融体系的发展中，机构投资者的参与对资本市场规模的扩大、产品的创新、交易方式的转变和市场的稳定发挥着重要作用，有利于资本市场的发展，从而避免风险过分集中和依赖于银行体系。社保基金作为机构投资者，比个人投资者有更专业的研究人员和更全面的信息资源，能更准确地评价股票的基础价值，倾向于长期投资和价值投资，有利于促进股票价格向基础价值回归。

2. 社保基金因规模庞大在金融体系中的地位和影响逐步上升

近年来，包括公共养老金基金、职业养老金基金和个人储蓄型养老金基金在内的养老保险基金在金融市场中的地位和影响逐日上升。

3. 社保基金是资本市场稳健发展的重要主体

社保基金，特别是养老基金往往是资本市场的长期投资者，能为金融市场提供长期稳定的资金来源，成为资本市场稳定发展的重要主体。

（二）社保基金对金融市场的影响

规模庞大、崇尚长期投资的社保基金对金融市场的发展既带来重要的积极影响，但也可能产生负面的消极影响。

1. 对金融市场的积极影响

（1）有助于改进资本市场的运行机制。社保基金通过资本交易，会对资本市场的供求机制、价格机制和竞争机制产生重要影响，并提高金融市场的稳定与效率。社保基金可以改善资本市场结构，提高资本的流动性，活跃二级市场，刺激一级市场，从而促进一、二级市场协调发展，改善进入市场中各种资本资产的结构比例，使其在动态调整中趋于合理。

（2）促进各种金融机构的竞争和发展。社保基金的发展将带动专业基金管理公司的发展。社保基金的发展还将促进人寿保险公司的发展。社保基金的发展还将促进投资顾问的发展。投资顾问在社保基金的投资管理中，帮助制定基金的投资策略、进行资产的配置，提供精算咨询、衡量和监控基金经理的业绩、分析交易成本等服务，使金融服务业得到迅速发展。

（3）促进金融工具不断创新。资本市场上许多创新金融工具的诞生在很大程度上都要归功于养老金基金的推动。养老金基金推动了其后市场上出现的包括实业投资、证券基金和公司发展基金在内的三类投资基金。智利政府发行了专门用于养老金制度转轨需要的指数化债券。

（4）积极推动公司治理。社保基金的投资具有一定的公共性和外部性，为保障其权益，社保基金积极参与和推动上市公司的治理，在决定和影响公司治理中更具有信息透明性和决策理性。社保基金作为机构投资者参与公司治理的方式有私下交谈、提出股东议案、行使代理投票权等。

（5）加强资本市场宏观调控。社保基金的性质决定其对政府宏观经济政策变动非常敏感，会根据经济政策变动调整其投资行为，从而有助于促进政府宏观调控职能的实现。政府操作公开市场，执行财政和货币政策，需要得到而且能得到社保基金的配合。比如，社保基金在一级市场上大量承购、包销政府债券，会促进政府债券的顺利发行，影响财政收支平衡。社保基金在二级市场上买卖政府债券，又影响到中央银行的货币政策。当央行紧缩信贷、控制货币供应时，往往会在公开市场抛售国债。此时，社保基金购入国债，将有助于货币政策达到预期效果。

2. 对金融市场的消极影响

（1）社保基金行为短期化可能导致资本市场扭曲与泡沫化。社保基金是着眼于长期稳定投资回报率的机构投资者，但在一些情形下也可能出现行为短期化，对资本市场的正常运行产生不良影响。这种行为短期化的原因是多方面的，比如社保基金的避险行为，如果基金管理人发现资本资产的质量将要恶化，厌恶风险的社保基金就会减少拥有的债券与股票，不断进行资产组合的调整，从而加剧资本市场的波动。

（2）容易引发羊群效应。资本市场上，信息公布不对称，普通投资者往往处于信息劣势，认同社保基金具有信息优势。社保基金属于资本市场上规模庞大的机构投资者，其投资行为容易被普通投资者效仿，引发羊群效应。若社保基金投资不慎，股票价值可能因为羊群效应的扩大而提升，从而扭曲资产价格。

（3）巨额社保基金的积累本身会对资本市场形成压力。社保基金规模可能导致资本市场超载，若超出本国经济的应有吸收能力，则会形成资本资产泡沫，加剧宏观经济的不稳定性。

第五章 社会保障基金管理的内容

第一节 社会保障基金的募集管理和投资管理

一、社会保障基金的筹集模式介绍

社会保障基金的筹集模式主要有现收现付模式、完全积累模式和部分积累模式。

1. 现收现付模式

现收现付模式的筹资原则是近期横向收付平衡，这种筹资模式要求先做出当年或近几年内某项社会保障措施所需支付的费用预算，然后按照一定的比例分摊到参加社会保险的单位和个人，当年提取，当年支付，一般不留余额，但在实际执行时会有一定余额。

现收现付模式的优点有：①管理成本低，操作相对简单；②根据需求变动及时调整征税比例或缴费额度，以保证收支平衡；③强调社会保障制度的再分配功能，体现了社会共济；④没有过多的资金积累，没有基金保值增值压力；⑤可以避免长期积累基金所面临的经济和政治风险。

现收现付模式是传统社会保障模式的筹资方式。在社会保障制度建立之初，各国都是使用这种方式筹集资金的，虽然近几年人们认识到其缺陷，但这种筹资方式在各国仍占主导地位。

2. 完全积累模式

完全积累模式的筹资原则是远期纵向收付平衡，其实质是个体一生中的代内收入再分配制度。首先由政府基金管理部门对有关人口寿命、经济发展状况等进行宏观预测，然后预测劳动者退休之后所需的保险费用支出，将其平均分摊到劳动者的整个就业期间和投保期间。

完全积累模式的优点有：①退休费用由自己在工作期间积累，未来收益与投保期的缴费呈高度正相关，可激励劳动者努力工作；②基金提取比例相对稳定，充分体现基金的储备功能，透明度较高；③费率在整个实施过程中相对稳定，不会有很大的起伏波动，具有较强的抗人口老龄化能力，受人口年龄结构影响比较小；④形成的储备基金短期内不会支用，可以为经济增长积累资金，促成资本形成，既为经济发展做贡献，又能使制度本身分享经济增长的成果。

世界上采用完全积累模式的国家只有少数几个，以智利和新加坡为典型代表，面对人口老龄化的巨大压力及福利国家的普遍危机，人们对积累制的认识不断加深，并倾向于采用这种积累模式。

3. 部分积累模式

现收现付模式和完全积累模式都有各自难以克服的缺陷，因此，在实践中许多国家采取了部分积累的方式。这是对现收现付模式和完全积累模式的整合，是一种兼容近期横向平衡原则和远期纵向平衡原则的筹资模式。根据分阶段收支平衡的原则确定收费率，即在满足一定时期（5~10年）支出需要的前提下，留有一定的储备基金；储备基金的数额是一个变量，人口老龄化高峰到来之前，是储备基金的积累期；在老龄化高峰到来之后，则进入储备基金的消耗期。

在社会保险基金的筹集中，一部分采取现收现付方式，保证当前开支需要，另一部分采取积累方式，以满足未来支付需求的增长。该模式在维持现收现付模式的基础上，引进个人账户基金制，既保持了社会保障统筹互济功能，又具备个人账户的激励和监督机制，集中体现了前两种筹资模式的优点。

部分积累制的筹资模式的优点是具有较大的灵活性，既避免了基金制的较大风险，又可缓解现收现付模式缺乏储备和负担不均的情况。

但这种筹资方式操作起来难度较大，尤其是在各种比率的掌握上很难做到恰到好处。如果各种标准和比率设置不当，不但得不到应有的效果，反而会导致管理成本的大幅度提高。因此，在制度设计上要谨慎，不仅要有定性分析，还要有定量分析。

二、社会保障基金投资的目的与意义

(一) 社会保障基金投资的目的

社会保障基金投资运营的根本目的是实现社会保障基金的保值增值。保值的含义是维持基金的实际购买力，要求基金的投资收益率要等于通货膨胀率。增值的含义是提高基金的实际购买力，要求基金投资收益率大于通货膨胀率。

1. 通货膨胀的表现与原因

通货膨胀不是个别商品价格或某个行业商品价格的一时性上升，而是指整体物价水平持续性上升，物价不断上涨导致货币购买力不断下降。通货膨胀使广大劳动人民陷于极端痛苦和贫困之中。

通货膨胀的原因从国内来看是政府发行纸币过量，大大超过流通实际需要的数量，以致引起货币贬值。通货膨胀的另一个原因是拥有世界储备货币地位的国家滥发纸币，导致其他国家的纸币贬值，可称为输入性通胀。在全球化大背景下，美元作为世界储备货币在全球广泛流通，美国通过加印纸币就能把本国的通货膨胀轻松地输入给全世界其他国家。

2. 通货膨胀对不同模式社会保障基金的影响

实行完全积累制的社会保障基金，经过长时期的积累后才给付，通货膨胀的威胁极大。部分积累制的社会保障基金，存在积累基金，这部分基金也有保值增值的要求。实行现收现付制的社会保障基金基本不会面临通货膨胀的压力，因为其基金当期征收当期使用，基本不留积累，即便有积累，基金的存续期较短，几乎不受通货膨胀的影响。

（二）社会保障基金投资的意义

社会保障基金通过投资运营实现保值增值，有利于增强社保基金的给付能力，有利于减轻政府、企业和参保人的负担，有利于促进社会经济发展。

1. 有利于增强社保基金的给付能力

社保基金的最终用途是用于补偿社会成员在面临生、老、病、死、残、失业等风险后的收入损失。社保基金的投资是为了更好地实现社保基金的按时足额给付。社保基金的支付面临通货膨胀的压力、人口老龄化进程加快的趋势、人们生活水平不断提高的要求，只有实现社保基金的保值增值，确保足够且稳定的资金积存，才能满足未来的支付需求。

2. 有利于减轻政府、企业和参保人的负担

社保基金的积累增值能减轻国家、用人单位和劳动者个人的保险费负担。基金保值情况下，可以保证受益人未来的福利不会随时间推移而下降。基金增值情况下，可以增进受益人的福利。基金一旦贬值，将面临两种情况：一种情形是不增加当期收费，降低社会成员的保障水平，在此情形下政府的支出不增加，企业和个人的缴费率也不提高，但由于社会保障待遇的刚性，降低社会保障待遇会严重影响社会保障制度的可持续性。另一种情形是增加当期收费，保证社会成员在享受待遇时的社会保障水平，这将导致政府支出增加，或者企业和个人的缴费比例提高。在此情形下，为了保持受益人的福利，只能提高政府、企业或个人现期或者未来负担。社会保障基金的有效投资运营将可以避免这些情况的发生，减轻政府、企业和参保人的负担。

3．有利于促进社会经济发展

投资是经济增长的原动力。储备起来的社会保障基金投入社会再生产过程，由此带来社会总生产的增长，从而起到推动经济发展的作用。社保基金在追求保值和增值的同时，还可以兼顾社会经济发展目标，为经济崛起做出贡献。以养老金为例，养老金是一种社会经济制度，养老金的运作与经济发展之间存在相辅相成、相互促进的关系，需要经济的持续发展作保障。利用养老金投资收益稳定又能促进经济发展的基础建设项目，不仅能使养老金增值，还推动了经济发展，反过来又更坚实地支撑了养老金的持续运营。

三、社会保障基金投资风险与原则

（一）社保基金投资风险

社保基金投资和任何投资行为一样要面临投资风险，在投资中可能达不到预期收益甚至遭遇本金损失。投资风险是对未来投资收益的不确定性，这种不确定性可能带来收益，也可能导致损失。社保基金面临的投资风险可以分为系统性风险与非系统性风险两类。

1．系统性风险

系统性风险是指外部性风险，是由市场因素造成的、所有投资者都要承担的风险，又称环境风险、不可分散风险，包括政治风险、政策风险、经济周期风险、利率风险、通货膨胀风险。政治风险包括政权更迭、战争冲突等；政策风险是政府的经济政策、法规的出台或调整，如限购限价政策；经济周期风险主要体现在经济陷入衰退期、经济低迷带来的严重和普遍影响；利率风险受市场利率水平变化的影响，特别是对资金供求的影响；通货膨胀风险对投资者有直接和间接多重影响，直接影响表现为投资回报以货币形式支付，通货膨胀时货币购买力下降，由此使投资的实际收益下降，间接影响表现为投资标的的价值因通货膨胀而贬值，可能令投资者损失。对投资者而言，系统性风险无法消除，无法通过多样化的投资组合进行防范，但应提高警惕，通过控制资金投入比例等方式减弱系统性风险带来的影响。

2．非系统性风险

与系统性风险造成的后果带有普遍性不同，非系统性风险是投资者自身内因造成的风险，是投资管理者可以操作、防范、化解的风险，又称非市场风险或可分散风险，如投资决策失误、投资组合选择不当、项目管理风险等。在证券投资中，非系统性风险指某些因素的变化造成单个股票价格下跌，从而给股票持有人带来损失的可能性，是只对某个行业或个别公司的证券产生影响的风险。

非系统风险包括上市公司摘牌风险、流动性风险、操作性风险、财务风险、信用风险、经营管理风险等，投资者可以通过证券投资组合将风险分散或转移。流动性风险指的是由于将资产变成现金方面的潜在困难而造成的投资者收益的不确定。操作性风险受投资人的从众心理、贪婪心理、侥幸心理和赌徒心理等投资或投机行为影响。经营管理风险是由于公司的外部经营环境和条件以及内部经营管理存在问题造成公司收入的变动而引起股票投资者收益的不确定。

（二）社保基金投资原则

社会保障基金的投资应遵循安全性、收益性、流动性、分散性和公益性五大原则，其中，安全性与收益性是最基本的两个原则。下面从安全性原则、收益性原则、流动性原则三个方面简单地介绍。

1. 安全性原则

安全性原则是社保基金投资应遵循的首要原则。社保基金的性质与一般基金不同，关系到社会保障目标的实现，影响社会稳定与健康发展，因此，首先必须确保社保基金的安全，而不是把追求收益放在第一位。投资风险与投资收益呈正相关，高风险高收益、低风险低收益，要获得更高的收益，就要承担更高的风险。社保基金的投资要做到安全第一，必须加强对风险的监测与防范，制定严格的标准并按照程序进行基金投资运营，社保基金投资要格外谨慎。

2. 收益性原则

在安全性原则的前提下，社保基金投资运营要追求适当的收益。获取投资收益是基金保值增值的基本要求，要在可接受的风险范围内实现投资的最大回报。在进行社保基金投资时，既不能为追求高额利润而冒过高的风险，也不能为了确保基金安全而只考虑低风险的投资渠道和工具。只有当基金投资收益率等于或高于通货膨胀率时，基金才能真正实现保值增值。否则，稳妥投资的结果可能是基金贬值。要实现社保基金的保值增值，在遵循安全第一的基础上提高收益并不容易，因为这两者之间存在矛盾。安全性原则要求社保基金投资时要风险最小化，而收益性原则则使社保基金面临更高的风险，社保基金要在两者之间寻求平衡。

3. 流动性原则

社保基金的投资是为了更好地实现给付，因此，要遵循流动性原则，满足社保给付的需要。流动性是指基金将投资资产转变为现金的难易程度和速度。基金投资的流动性原则要求投资基金在不发生损失或资产转让成本低于资金拆借成本的条件下可以随时变现，以满足随时可能支付的需要。社保基金作为具有专项用途的资金，主要用于社保待遇支付，必须切实保证能及时足额支付，否则，有违社保基金投资的宗旨。

第二节 社会保障基金的给付管理

一、社会保障基金给付的含义

（一）社会保障基金给付的相关概念

社会保障基金给付、社会保障基金支出以及社会保障基金偿付这三个概念经常出现，有的场合将三者等同，但其含义存在区别。

1. 社会保障基金给付

社会保障基金给付是指按照法律、法规和规章的规定，由社会保障管理机构按一定的标准和方式将资金支付给符合条件的社会成员，使其享受相应的社会保障待遇。社会保障基金给付又称为社会保障基金支付。

2. 社会保障基金支出

支出与收入相对应，是指资金的流出。社会保障基金支出即社会保障基金的流出，其范畴要大于社会保障基金给付。社会保障基金支出的主要内容是社会保障基金的给付，除此之外，还有社会保障管理费用的支出。社会保障管理费用是指社会保障管理机构及其人员在社会保障运行、管理与服务过程中产生的相关经费，如办公经费。社会保障管理费用是与社会保障有关的支出项目，不是社会保障基金给付。社会保障管理费用支出有的是从社会保障基金中列支，有的由国家财政单独拨款解决。

3. 社会保障基金偿付

偿付通常是指偿还债务，也可称偿债，在社会保障中较少用到，研究养老保险隐性债务问题会涉及偿付能力。偿付能力多用于商业保险公司，指保险人履行赔偿或给付责任的能力。社会保障基金的偿付能力是指社会保障的总资产在一定的积累模式下的偿付能力。

（二）社会保障基金给付的意义

社会保障基金给付是社会保障功能实现与否和实现好坏的重要环节，是社会保障基金管理的最终环节，是国民社会保障权益实现的标志。依法给付社会保障基金，是社会保障管理与经办机构的义务，是社会保障基金管理的重要内容。

二、社会保障基金给付的原则

社会保障基金给付应当遵循适度原则、统一原则和分享原则。

1. 适度原则

在给付社会保障基金时，应当维持合理的给付水平，既满足被保险人基本的生活需要，又不能超越生产力发展水平和承受能力。适度原则要求社会保障给付待遇不能过高，也不能过低。如果待遇过高，社会保障基金甚至国家财政难以负担，不仅加重企业的劳动力成本，还会降低人们工作的积极性，对国民经济的发展造成负面影响；如果待遇过低，无法保障人们在风险发生后的基本生活，难以摆脱困境，同样有悖社会保障制度的初衷和功能。社会保障待遇不能过低，要求社会保障提供能保证和满足人们基本生活需要的社保待遇，也要求随物价变动调整社保待遇。

2. 统一原则

为了实现公平，在社会保障基金给付时应当遵循统一原则，严格按照国家的法律法规和政策统一执行，杜绝不规范的给付行为。比如在养老保险中，虚报、冒领、死亡不报告、多处同时领取等；在医疗保险中，骗取他人社保卡开药倒卖，医院虚开病床增加住院率；在低保中，让不符合条件的亲属享受低保，把真正符合条件的群众拒之门外等。统一原则要求在进行社会保障基金给付时，应当制定明确的给付条件和标准，严格审核相关材料的真实性、合理性，确保将社保基金切实给到符合条件的被保险人或其亲属，不徇私舞弊，实现制度面前人人平等。需要注意的是，公平不等于平均，统一原则并不意味着所有被保险人就应该获得完全相同的社保待遇。比如，失业津贴的高低与被保险人缴费的年限有关，缴费年限越长，获得的失业津贴越高。

3. 分享原则

国民经济的增长为提高社保待遇奠定了坚实的物质基础。国民经济发展越快，社会保障的实力越强，对社会成员基本生活的保障能力就越强，因此，社会保障基金的给付要遵循分享原则，让社会成员能通过社会保障制度分享经济发展的成果。随着社会经济的增长，政府应当逐步提高社保给付水平。经济的增长体现在一个国家国民经济的增长、社会平均工资的增长等方面。为了保证社会成员的社会保障待遇水平与社会基本生活水平相适应，应当随着一个国家国民经济的增长、社会平均工资的增长而调整社会保障待遇水平，使社会成员分享社会经济增长的成果。特别是对养老保险制度而言，退休后的老人分享经济增长成果的机会很少，养老金是让退休老人共享社会成果最好的途径，有时甚至是唯一的渠道。

三、社会保障基金给付的方式

（一）按给付周期划分

1. 定期给付

也可称为周期性给付或年金给付，一般按月固定给付，每次支付同等金额。定期给付的管理过程将持续数十年，多用于长期性保障项目，如养老金、伤残补贴。定期给付有利于保障投保人，能为被保险人提供稳定的收入来源、避免被保险人资金使用不当或使用过快的风险，有利于社会稳定，但会加大管理成本，增加支出，加大社保基金的保值增值压力和投资风险。

2. 一次性给付

在被保险人发生风险时，可以获得一次性的经济补偿，管理机构从此不再对被保险人负保障责任。一次性给付方式多用于短期性、一次性保障项目，如死亡丧葬费、突发性灾害救助，有的养老保险也采用该方式。一次性给付的管理相对简单，不仅可以节省大量的管理费用，而且降低了社保经办机构的保障责任，有利于社保机构，但不利于保障被保险人。被保险人如果未能合理运用资金，可能造成资金的浪费或损失，使自己暴露在风险下。特别是在养老保险中，退休人员一次性领取养老金，若寿命较长，晚年生活难以获得保障。

（二）按给付标准划分

1. 比例给付

比例给付又称工资比例制、固定比例制。给付标准是受益人退休前某一时点上的工资收入或者某一时期的平均工资收入，以此为依据按照受益人缴费年限等条件乘以相应的比例确定给付金额。

2. 均一给付

均一给付又称固定金额制，给付标准不与工资收入挂钩，对符合条件的受益者给付完全相同的金额。比如，英国给无法参加国家基本养老保险制度的穷人提供低保养老金。提供给个人的低保养老金和国家基本养老金数额一致；提供给每对夫妇的低保养老金高于国家基本养老金，成为贫困年老者的主要收入。此外，80 岁以上的老人还可以每周领取 58.5 英镑的高龄津贴，主要针对那些无国家保险缴费，或者因缴费时间不足从而领取国家养老金不足 58.5 英镑的高龄人士。

（三）按给付形式划分

1. 货币给付

提供现金是社会保障基金给付最主要的方式，具有很大的灵活性和适应性，受益者有较大的自由支配空间。

2. 实物给付

除了直接发放现金，社会保障基金在给付时还可以以提供物资的方式进行给付，包括直接发放实物和发放等价购物券，通常用于社会救助、社会福利中。在灾害救助的第一时间，帐篷、水、食物等物资是灾民需求最迫切的，即便发放货币也难以购买或获得这些物资，只能采用实物给付的方式进行援助。

3. 服务给付

提供服务也是社会保障基金的给付方式之一，如医疗保险中的身体检查、疗养与康复基地、敬老院等。服务给付方式虽然不如货币给付和实物给付应用广泛，但也应当对其有足够的重视。比如在人口老龄化程度较深的地区，应当确保失能老人、生活不能自理的老人、高龄老人等得到生活起居护理的服务。

（四）其他给付方式——以工代赈

1. 以工代赈的含义与实践

赈是指免费救济，以工代赈则是指让人们劳动工作去换取食物或钱财，而不是直接发放物资或货币。以工代赈主要应用于扶贫开发和灾害救助中。比如，我国安排以工代赈投入建设农村小型基础设施工程，贫困农民参加以工代赈工程建设，获得劳务报酬，直接增加收入。

2. 以工代赈的特点

以工代赈有助于新建或恢复必要的基础设施，还可以为贫困群众与受灾群众提供收入，帮助家庭满足消费需求和其他的紧迫需求。受灾社区和贫困家庭可以从收入转移中直接受益，项目新建或维修的固定资产还能让他们间接受益。以工代赈具有劳动密集、收入较低的特性，能为低技能劳动力提供短期就业。除此之外，以工代赈项目灵活，便于控制管理成本，扩大规模，能迅速调集资源，这使以工代赈容易锁定特定地区，便于实施。

第三节　社会保障基金的监督管理

一、社会保障基金监管的界定

（一）社会保障基金监管与管理

社会保障基金监督管理简称社会保障基金监管。社会保障基金的监管与社会保障基金的管理这两个概念经常出现，时常混淆，应予区别。

1. 社会保障基金监管的内涵

社会保障基金监管是指由国家行政监管机构、专职监督部门及社会公众等主体为防范和化解风险，根据国家法规和政策规定，对社保基金经办机构、运营机构或其他有关中介机构的管理过程及结果进行的评审、认证和鉴定。

2. 社会保障基金管理的内涵

社会保障基金管理是指为保障劳动者的基本生活，根据国家和个人的经济承受能力而开展的基金筹集、待遇支付、基金保值增值的行为和过程。社会保障基金管理主要包括社会保障基金收支管理、社会保障基金的预算和决算管理、社会保障基金投资运营管理、社会保障基金稽核和监督等。

3. 社会保障基金监管与管理的关系

根据社会保障基金监管的定义，社会保障基金监管的对象正是社会保障基金的各种管理行为；而根据社会保障基金管理的定义，社会保障基金管理的范畴更大，包括社会保障基金的监管，社会保障基金监管是管理中的一环。两者之间的关系取决于对社会保障基金管理的界定。若将社会保障基金管理的范畴界定得广，社会保障基金的监管则成为管理当中必不可少的环节之一；若将社会保障基金管理的范畴界定得窄，社会保障基金监管则独立于管理之外。不管如何界定社会保障基金管理的范畴，不能将社会保障基金的监管与社会保障基金管理等同对待，两者不能画等号。

（二）社会保障基金监管的意义

1. 确保社保基金的安全与完整

确保社会保障基金的安全与完整是社会保障基金监管的主要目标。社会保障基金从筹集到投资、支付的各个环节都面临各种各样的风险。要克服信息不对称所造成的风险和损失，就必须加强对社会保障基金运行全过程的监管，增强社保基金经营的透明度和运营主体行为的理性，控制和减少逆向选择，保证社保基金的安全与完整。

2. 维持社保体系的良性运行

社会保障基金是社会保障体系的物质基础和核心，是社会保障体系正常运行的前提条件。社会保障基金的经办或者运营机构的利益目标不可能与社会利益时时保持一致，当其不能承担全部的风险成本时，其风险成本只能由整个社会保障体系甚至全社会来承担，因此，代表公众利益的政府与国家有必要对社会保障基金实施监管。社保体系的良性运行需要对社会保障基金进行有效的监管，从而获得公众的信任。一旦失去公众的信任和信心，社保基金就难以获得公众支持。

3. 维护劳动者的合法权益

维护劳动者的合法权益是社会保障基金监管的根本宗旨，特别是社会保险基金。这是国家依照法律法规强制建立的，保障劳动者在年老、失业、疾病、伤残、生育时的基本生活需要的专项基金。社会保险基金的征缴程度、发放情况直接关系着千千万万参保职工现在和未来的切身利益。由于社会公众难以充分了解基金的管理运营状况，其利益往往容易受到侵害，这就要求基金监管机构代表参保人员，对基金运行进行严格监管，规范管理行为，以切实维护劳动者的合法权益，维护社会稳定。

二、社会保障基金监管的体系

（一）社会保障基金监管的主体

1. 一元监管主体论与多元监管主体论

国内外学术界关于社保基金监管的主体主要有两种观点：一元监管主体论和多元监管主体论。一元监管主体论是指政府，尤其是财政当局在社保基金的监管中处于核心地位。多元监管主体论认为社保基金的监管体系由政府、社会公众和中介机构等多方主体构成，中介机构、社会公众的监管是行政监管和专门监管的有益补充。

2. 社会保障基金监管主体的类别

多元监管主体论虽然肯定了政府以外的其他监管主体的价值，但只是将社会力量等其他监管主体视为行政监管、专业监管的补充。事实上，中介机构等社会监管力量在公共管理领域发挥着重要作用。

社会保障基金监管的主体可分为政府监管主体和非政府监管主体两类。政府监管主体根据政府部门职能分为立法监督、司法监督和行政监督三类。立法监督是立法机构通过颁布法律建立起社会保障基金法律体系，同时制定负责执行该法律的有关机构应当遵守的一般标准和职责范围；司法监督是司法部门参与社会保障基金监督活动；行政监督是由具体的行政机构专门监督社会保障基金的活动。非政府监督有审计和金融机构监督、行业协会监督、中介机构、新闻媒体、工会监督等方式。

3. 我国社会保障基金监管的主体

我国社会保障基金监管的主体由人力资源和社会保障部及各级社会保障厅、局，财政部及各级财政厅、局，全国社会保障基金理事会、审计、税务、邮政部门和人民银行分支行等组成。

人社部负责组织拟定养老、失业、工伤等社会保险及其补充保险基金管理和监督制度，编制相关社会保险基金预决算草案，参与拟定相关社会保障基金投资政策。会同有关部门实施全民参保计划并建立全国统一的社会保险公共服务平台，负责就业、失业和相关社会保险基金预测预警和信息引导，拟订应对预案、实施预防、调节和控制，保持就业形势稳定和相关社会保险基金总体收支平衡。各级财政部门负责对社会保障基金财务、会计制度执行情况的监督，定期或不定期地对基金收入户、支出户及财政专户基金管理情况进行监督。各级审计部门依法对社会保障基金管理及使用情况进行审计监督，对基金收入户、支出户及财政专户基金管理情况进行审计。实行税务机关征收社会保险费的地区，各级税务机关对征收社会保险费的情况进行监督检查。中国人民银行各分支行要对社会保障基金账户的开立和使用情况进行监督检查。各级邮政部门要对邮政机构代发放社会保险金情况进行监督检查。

（二）社会保障基金监管的客体

社会保障基金监管的客体是指依法应当接受基金监管当局监管的机构和个人。各级社会保险费征收机构、社会保险金发放机构、社会保障基金管理和运营机构及基金开户银行，要自觉接受监督，配合有关部门做好检查工作。社会保障基金监管的客体可分为三类：第一类是基金的具体征收、储存、支付机构，如各级社保机构的具体操作部门；第二类是基金的运营机构，如基金公司、证券公司、投资基金及其托管银行等；第三类是基金的缴纳人和受益人，如参保的各类企业和劳动者个人等。

第四节 社会保障基金统计管理

会计和统计虽然都能提供相关信息，但是两者提供不同的信息，具有不同的功能，采用不同的方法，遵循不同的流程。

一、社会保障基金统计的内涵

社会保障基金统计是运用科学的方法，从数量上反映社会保障基金运行过程的基本情况，揭示其内在规律的工作。社会保障基金统计是社会保障统计的主要内容。

统计有三种不同的含义：统计工作、统计资料与统计学。社会保障统计同样包括社会保障统计工作、社会保障统计资料和研究其内在规律的社会保障统计学。统计工作即统计实践活动，是指对社会经济现象数量方面进行收集、整理和分析工作的总称，是一种社会调查研究活动；统计资料是统计部门或单位进行统计工作所收集、整理、编制的各种数据资料的总称；统计学是对统计工作经验的总结和概括，它所阐述的理论和方法是指导统计工作的原则和方法。统计学和统计工作之间存在着理论和实践的辩证关系。

二、社会保障基金统计的特点与功能

（一）社会保障基金统计的特点

1. 数量性

数字是统计的语言，数据资料是统计的原料。社会保障基金统计具有数量性特点，具体说来，就是通过各种统计指标和指标体系来反映社会保障基金总体的规模、水平、速度、比例和趋势等。

2. 总体性

单个、零散的数据不进行统计，难以反映出社会保障基金的总体面貌。社会保障基金通过数据统计来描述和揭示总体的数量规律。

3. 具体性

每一个统计数据都不是空洞无意义的，而是对应一个具体的社会保障事项，反映该社会保障事项的某个方面的性质或特征。

4．工具性

统计具有工具性的特点，数据能提供有用的信息，因此，获得统计数据本身不是目的，获得统计数据后不应当束之高阁，而是要充分利用统计数据，为社会保障基金管理服务。

（二）社会保障基金统计的功能

1．描述功能

描述功能是社会保障基金统计最基本的功能。进行社会保障基金统计后，相关统计指标、报表能对社会保障基金总体面貌加以定量地描述，使人们获得基本的认识。正是由于社会保障基金统计描述功能的重要性，在进行统计时，数据必须真实，不可以统计造假，也不可以利用统计方法变相地歪曲其真实性，而是应当确保社会保障基金统计描述的真实可靠。

2．评估功能

基于社会保障基金统计的描述功能，社会保障基金统计还具有评估功能。在获得相应的统计数据后，不仅可以了解社会保障基金运作的总体情况，还可以进一步评估社会保障基金管理的效率、社会保障基金管理政策的影响、社会保障水平高低程度等，分析利弊得失，比较国别差异。

3．监督功能

基于社会保障基金统计的评估功能，社会保障基金统计还具有监督功能。评估的结果可以揭示社会保障基金管理中存在的问题与矛盾，因此，持续地进行社会保障基金统计，通过相关指标的动态变化，可以监督社会保障基金是否安全完整、基金管理是否存在漏洞、管理的措施与手段是否有效，进而针对存在的问题予以纠正与改进。

4．预测功能

统计是针对过去，对已经发生的情况进行统计，但是统计结果可以服务于未来，用于预测社会保障基金将来的发展情况，为管理决策提供有力的依据。

三、社会保障基金统计步骤

1．社会保障基金统计数据收集

社会保障基金统计数据收集可以分为原始数据调查与次级资料收集两类。原始数据是第一手数据，可以采用抽样调查、普查和统计报表方式获得。次级资料收集主要是从已有的文献资料中去获得，是其他人或机构获得并完成对原始数据调查后公开发表的数据。

2. 社会保障基金统计数据处理

获得数据资料后，如果不对数据进行处理，这些零散的、无序的数据还不具有描述功能，必须对数据进行处理，社会保障基金数据才能反映总体情况。社会保障基金数据的处理包括筛选、分类、汇总、存储等步骤，每一步骤又可以采用一些具体的统计方法。

3. 社会保障基金统计数据分析

社会保障基金统计数据分析可以运用到多种统计方法，最简单的比如平均分析，计算各种平均数。除了平均数，还有中位数、众数等非常有用的数据分析；对数据还可以进行对比分析、分组分析、比率分析，从而了解其变化、判断其趋势等。

正是由于数据的重要性，数据分析发展迅速，已经从统计学发展成多学科领域。相关学科的发展也日渐成熟，如计量经济学、数理经济学、数据挖掘、神经网络、数据库、人工智能等，这些学科的研究方法都可以在社会保障基金统计数据处理与分析中得以应用，为社会保障基金的统计工作服务，但目前尚不广泛与深入。

四、社会保障统计指标

（一）社会保障数量指标和质量指标

1. 社会保障数量指标

社会保障数量指标反映社会保障总体绝对数量的多少，用绝对数形式表现，如参保人数、参保企业数、基金征缴总额等。数量指标用实物或者货币为计量单位。

2. 社会保障质量指标

社会保障质量指标又称比率指标，反映社会保障内部构成或者两个总量之间的对比关系，如覆盖率、支出水平等。

（二）社会保障统计人数指标与费用指标

1. 人数指标

人数指标反映社会保障参加或者受益对象的总体情况，比如在社会救助中，实际享受社会救助人次、得到五保供养的户数、得到五保供养的人数占农村居民的比例等。

2. 费用指标

费用指标反映社会保障资金的收缴与使用情况。如全国城市低保平均标准、全年发放农村低保资金总额、投资收益率等。

（三） 社会保障统计时点指标与时期指标

1. 时点指标

时点指标反映在某个时间点的社会保障情况，是在一定时点上的数据。

2. 时期指标

时期指标反映在一段时期内社会保障发展程度的指标，是在一段时期内的数据。

第六章　社会保险基金管理的方法

第一节　社会保险基金财务管理

"在社会生活水平不断提升的当下，社会保障制度也更为完善。社会保险作为社会保障制度中的重要组成部分，为人民群众生活提供了有力保障，在推进国家稳定发展的过程中也发挥了重要作用，因此做好社会保险基金管理工作也是维护国家长治久安的一项核心内容。"[1] 社会保险基金是国家依据法律和政策规定，通过法定程序，以各种方式强制建立起来的，用于保障劳动者因年老、失业、疾病、工伤等原因而丧失劳动能力时基本生活的专项资金。由于社会保险基金的特殊性，其财务管理和会计核算既不同于企业的，也不同于行政、事业单位的财务管理和会计核算。社会保险基金的财务管理和会计核算依据是财政部和原劳动部颁布的机关财务制度和会计制度。

社会保险基金财务管理是指社会保险经办机构对社会保险基金的筹集、运营、分配、支付及其财务管理的总称。社会保险基金财务管理的任务是：认真贯彻执行国家有关法律、法规和方针、政策，依法筹集和使用基金；建立健全财务管理制度，努力做好基金的计划、控制、核算、分析和考核工作，并如实反映基金收支状况；严格遵守财经纪律，加强监督和检查，确保基金的安全。

一、社会保险基金财务管理的内容

社会保险基金经办机构是社会保险基金财务管理主体，具体实施对养老保险基金、失业保险基金、医疗保险基金、工伤保险基金等社会保险基金的管理，以法律为依据对基金进行科学运营，保证基金的保值增值。社会保险基金财务管理的内容包括社会保险基金的预算、筹集与支付的会计记录、财务数据统计、编制财务报告进行决算等。

---

①王晓红. 加强社会保险基金内部控制管理的思考［J］. 财经界，2022（22）：132.

（一）社会保险基金预算管理

社会保险基金预算管理是指社会保险基金经办机构根据社会保险制度实施计划和任务编制的、经法定程序审批的基金财务收支计划。它反映了社会保险事业发展计划的规模和方向，是社会保险基金财务工作的基本依据，是国家财政预算的组成部分。社会保险基金预算包括以现金收支为基础的财务收支预算、以经营成果为核心的盈利预测、以固定资产购建和对外投资为主要内容的投资预算，其中财务收支预算是基金预算的核心内容。

（二）社会保险基金会计

社会保险基金会计是以社会保险基金为会计主体，以货币为计量单位，运用专门的方法对基金的收入、支出、结存及资金运用等进行全面、完整、连续的核算和监督的一项专门会计。

在我国，社会保险基金会计是会计的一个新领域，是整个会计体系的一个组成部分。社会经济的发展和社会保险制度的改革不断地拓宽着会计服务领域。在原有的"企业保险"体制下，职工的劳动保险全部由国家和企业包下来，并由企业具体实施，劳动保险资金运动属于企业资金运动的一部分，劳动保险的会计属于企业会计处理的一部分，没有独立的劳动保险会计。20世纪80年代开始的社会保障制度改革将企业保障改为社会保障，也有了真正意义上的社会保险。社会保险资金逐渐以企业中分离出来，由劳动和社会保障部门统一管理社会保险基金的筹集、运营和支付，形成相对独立的社会保险基金运动，也由此产生了独立的社会保险基金会计。

（三）社会保险基金财务决算

社会保险基金财务决算是财务管理的主要内容，是在会计期间结束时，将当年社会保险基金管理运营结果和财务状况经过加工整理，通过编制财务报告反映出来。社会各部门根据社会保险基金经办机构提供的财务报告，对基金的运营和社会保险制度的实施情况进行分析、评价，财政部门进行审核、批复，为政府决策提供可靠的依据。财务信息披露是会计体现其职能的一个重要环节，社会保险基金作为一项与社会息息相关的经济活动，通过财务信息披露，接受社会各阶层的监督。

二、社会保险基金财务管理的原则

社会保险基金统一由社会保险基金经办机构依法管理，按照社会保险种类分户建账、分账核算、自求平衡，不得相互挤占和调剂。社会保险基金财务管理应结合社会保险基的特点，严格按照国家的财务制度、审计制度及其他管理制度执行，充分发挥财政、审计、银行和经办机构内部财务监督、内部审计的财务管理职能。

第二节　社会保险基金会计制度

一、社会保险基金的会计核算

（一）社会保险基金的会计核算体系

按照不同的角度，对社会保险基金会计核算体系的划分也不同。

1. 按照社会保险基金构成项目划分

按照社会保险项目来划分，我国社会保险基金应包括养老保险基金、医疗保险基金、失业保险基金、工伤保险基金和生育保险基金。社会保险基金根据国家要求实行统一管理，按险种分别建账、分账核算、专款专用、自求平衡、不得相互挤占和调剂。因此，每个基金都是一个独立会计主体，其资金来源和使用用途自成体系，都有一套自己的账户和报表体系。从构成项目及横向划分，社会保险基金会计核算体系包括五个方面：①养老保险基金核算；②医疗保险基金核算；③失业保险基金核算；④工伤保险基金核算；⑤生育保险基金核算。

2. 按照社会保险基金运行划分

每项社会保险基金运行和管理过程都要经过筹集、支付和运营三个主要环节，在这些运营过程中发生的与基金有关的经济业务都属于社会保险基金会计核算的内容。

3. 从社会保险基金运行过程即纵向划分

社会保险基金会计核算体系应包括：基金预算、基金筹集、基金划转、基金支出、基金运营和基金决算。

（二）社会保险基金的会计要素

会计要素是每个会计主体进行会计活动时必要的构成部分或组成因素，社会保险基金会计核算要素与其他会计核算要素类似，在某一个时点上，社会保险基金财务状况可通过资产、负债、基金余额这三个要素表示，在一段时期内，社会保险基金运动表现为收入和支出。

资产是基金在运动过程中所形成的归基金主体所拥有或者控制的资源，该资源预期会给基金主体带来一定的经济效益。社会保险基金资产是指社会保险基金在运动过程中形成的，由社会保险经办机构管理，归各个基金主体所有的经济资源。社会保险基金资产包括基金运行过程中形成的现金、银行存款（含收入户存款、财政专户存款、支出户存款）、债券投资、暂付款项等。负债是指过去的交易、事务形成的现时的义务，履行该项义务会导致经济利益流出基金主体，社会保险经济负债是社会保险基金在运动过程中产生的由社会保险经办机构承担，需要用社会保险基金资产偿还的债务。社会保险基金负债包括基金运行过程中形成的各种借入款项和暂收款项等。基金余额相当于企业会计中的所有者权益，是社会保险基金剩余利益，这部分利益归基金资财提供者所有，即归国家、劳动者所在单位和劳动者个人所有。基金余额由两部分组成：一是历年社会保险基金的累积余额；二是当年基金收入减去基金支出后的余额。

社会保险基金收入既有与企业相同的特征，如都表现为会计主体资产的流入或是负债的减少等，也有区别于企业收入的特征。其主要表现为：一是取得收入的目的是补偿支出而不是营利；二是社会保险基金的资产的提供者是收入的主要来源。社会保险基金收入主要包括：社会保险费收入、利息收入、财政补贴收入、转移收入、上级补助收入、下级上解收入、其他收入。社会保险费收入是指缴费单位和缴费个人按缴费基数的一定比例分别缴纳的基本养老保险费、失业保险费、基本医疗保险费等。利息收入是指用社会保险基金购买国家债券或存入银行所取得的利息收入。财政补贴收入是指同级财政给予基金的补贴。转移收入是指保险对象跨统筹地区流动而划入的基金收入。上级补助收入是指下级经办机构接受上级经办机构拨付的补助收入。下级上解收入是指上级经办机构接受下级经办机构上解的基金收入。其他收入是指滞纳金及其他经财政部门核准的收入。

上述基金收入项目按规定分别形成基本养老保险基金、失业保险基金和基本医疗保险基金等。

社会保险基金支出与企业支出有很大不同，后者具有一定的自主性和灵活性，而社保基金支出则要完全依据法律法规的规定，基本没有自主权，这是由社会保险基金专款专用的性质决定的。社会保险基金支出是指为满足劳动者的基本生活需要，根据国家法律规定或管理需要，实施支付活动所引起的基金财务资源的减少。

社会保险基金支出包括：社会保险待遇支出、转移支出、补助下级支出、上解上级支出、其他支出。社会保险待遇支出是指按规定支付给社会保险对象的基本养老保险待遇支出、失业保险待遇支出和基本医疗保险待遇支出等。转移支出是社会保险对象跨统筹地区流动而转出的基金支出。补助下级支出是指上级经办机构拨付给下级经办机构补助支出。上解上级支出是指下级经办机构上解上级经办机构的支出。其他支出是指经财政部门核准开支的其他非社会保险待遇性质的支出。

上述社会保险基金支出项目按规定分别构成基本养老保险基金支出、失业保险基金支出和基本医疗保险基金支出等。

二、社会保险基金的会计核算实务

（一）基本养老保险基金收入项目核算

社会保险基金收入从其管理方式看，包括基本养老保险费收入、利息收入、财政补贴收入、转移收入、上级补助收入、下级上解收入、其他收入。

1. 基本养老保险费收入

基本养老保险费收入科目用来核算收到的由缴费单位和缴费个人按规定缴纳的基本养老保险费，本科目贷方登记收到由缴费单位或缴费个人上缴的基本养老保险费，借方登记结转数，期末结转后，本科目应无余额。社会保险基金会计制度采用收付实现制为会计核算基础，基本养老保险费收入的入账时间是实际收到保险费时，以现金方式缴费的，在实际收到时入账，银行转账缴费的，在实际收到有关凭证时入账。

实行社会保险经办机构征收，按规定设置收入户：收到现金方式交来的保险费，借记"现金"科目，贷记"基本养老保险费收入"科目；收到转账方式交来的保险费时，借记"收入户存款"科目，贷记"基本养老保险费收入"科目。如果设置收入户的，则当在收到转账方式交来的保险费时，借记"财政专户存款"科目，贷记"基本养老保险费收入"科目。

2. 利息收入

为核算基本养老保险基金购买国家债券或存入银行所取得的利息收入，设置"利息收入"科目，本科目贷方登记取得的各种利息收入，借方登记结转数，期末结转后没有余额。

根据利息收入来源的不同，分别按照债券投资利息收入和银行存款利息收入进行核算。进行债券投资时会有购入到期一次还本付息债券、分期付息到期还本债券，以及在债券未到期前由于急需资金而提前转让等情况，应根据不同情况分别编制分录。购买到期一次还本付息的债券在到期兑付时，按实际收到的本息数，借记"财政专户存款"科目，按债券的账面价值（本金），贷记"债券投资"科目，按其利息数贷记"利息收入"科目。分期付息到期还本债券每期收到的利息，按实际收到的金额，借记"财政专户存款"科目，贷记"利息收入"科目。提前转让债券时，按实际收到的金额，借记"财政专户存款"科目，按照转让债券的账面价值，贷记"债券投资"科目，按两者差额贷记"利息收入"科目。存款利息的收入，根据存款账户的不同，分别借记"财政专户存款""收入户存款""支出户存款"科目，贷记"利息收入"科目。

3. 财政补贴收入

财政补贴收入科目是为核算收到同级财政部门给予基本养老保险基金的补贴而设置，科目贷方登记取得的财政补贴收入，借方登记结转数，期末结转后，本科目应无余额。不论经办机构是否设置收入户和支出户，凡是收到财政补贴收入均直接计入"财政专户存款"科目，这是财政补贴收入的账务处理特点。具体账务处理就是，收到财政补贴收入时，借记"财政专户存款"科目，贷记"财政补贴收入"科目。

4. 转移收入

转移收入科目是为核算基本养老保险对象跨统筹地区流动而划入的基本养老保险基金而设置，科目贷方登记取得的转移收入，借方登记结转数，期末结转后没有余额，本科目应按跨统筹地区流动的保险对象设置明细账。

具体账务处理：随异地保险对象调入本地而收到由异地经办机构转入的款项（本金和利息），借记"收入户存款"（按规定设置收入户的）科目或"财政专户存款"（按规定不设收入户的）科目，贷记"转移收入"科目。转移收入是跨地区流动而形成的基本养老保险基金的转移，保险资金的划转是对应于保险对象个人账户资金的划转，一般并不涉及统筹资金的转移，因此，收到的转移收入在期末进行结转时，应当相应转入"基本养老保险基金——个人账户养老基金结余"明细科目中。

5. 上级补助收入

为核算由上级经办机构拨入的基本养老保险基金，设"上级补助收入"科目，本科目贷方登记取得的上级补助收入，借方登记结转数，期末结转后无余额。

具体账务处理：收到上级经办机构下拨的基本养老保险基金，借记"收入户存款"（按规定设置收入户的）科目或"财政专户存款"（按规定不设收入户的）科目，贷记"上级补助收入"科目。

6. 下级上解收入

为核算由下级经办机构上解的基本养老保险基金，设置"下级上解收入"科目，本科目贷方登记取得的下级上解收入，借方登记结转数，期末结转后无余额。

具体账务处理：收到下级经办机构上解的基本养老保险基金，借记"收入户存款"（按规定设置收入户的）科目或"财政专户存款"（按规定不设收入户的）科目，贷记"下级上解收入"科目。

7. 其他收入

为了核算基本养老保险基金的滞纳金及财政部门核准的其他收入，应设置"其他收入"科目，本科目贷方登记取得的其他收入，借方登记结转数，期末结转后无余额。

具体账务处理：收到滞纳金等其他收入时，借记"收入户存款"（按规定设置收入户的）科目或"财政专户存款"（按规定不设收入户的）科目，贷记"其他收入"科目。

（二）基本养老保险基金支出项目核算

基本养老保险基金支出从其内容构成看，包括两大部分：一是基本养老保险待遇支出，即按照国家规定的开支范围和开支标准向参加基本养老保险的受益者个人支付的养老金、医疗补助金及丧葬抚恤补助费等；二是由于保险关系的转移、上下级之间调剂资金等原因而发生的支出。基本养老保险基金支出核算根据不同内容，可分为基本养老金支出、医疗补助金支出、丧葬抚恤补助支出、转移支出、补助下级支出、上解上级支出、其他支出，现就前四种进行详细说明。

1. 基本养老金支出

"基本养老金支出"科目是用于核算按规定由基本养老金开支的各项支出，包括基础性养老金、个人账户养老金、过渡性养老金以及按照规定支付的离休金、退休金、退职金和补贴。该科目借方登记实际发生并支付给养老保险对象的基本养老金，贷方登记结转数，期末结转后本科目无余额。

按照会计制度的规定，本科目应设置基础性养老金、个人账户养老金、过渡性养老金、离休金、退休金、退职金、补贴明细科目。根据收付实现制原则，基本养老保险支出的入账时间是实际支付基本养老金时，以实际支付的款项确认入账金额。具体账务处理：当经办机构按规定向基本养老保险对象支付基本养老金时，借记"基本养老金支出"科目，贷记"现金"（以现金方式支付）科目或"支出户存款"（以银行转账方式支付）科目。

2. 医疗补助金支出

为核算按规定支付给未实行医疗保险地区已纳入基本养老保险基金开支范围的离休、退休、退职人员的医疗费用，应设置"医疗补助金支出"科目，本科目借方登记按规定支付给离休、退休、退职人员的医疗费用，贷方登记结转数，期末结转后无余额。根据经办机构按规定支付给离休、退休、退职人员医疗费用的方式不同，其账务处理也不同，具体处理分录是：借记"医疗补助金支出"科目，贷记"现金"科目或"支出户存款"科目。

3. 丧葬抚恤补助支出

为核算按规定支付给已纳入基本养老保险基金开支范围的离休、退休、退职人员死亡丧葬补助费用及其供养直系亲属的抚恤和生活补助费用，应设置"丧葬抚恤补助支出"科目，本科目借方登记按规定支付给离休、退休、退职人员的死亡丧葬补助费用及其供养直系亲属的抚恤和生活补助费用，贷方登记结转数，期末结转后无余额。根据经办机构按规定支付给离休、退休、退职人员死亡丧葬补助费用及其供养直系亲属的抚恤和生活补助费用的方式不同，其账务处理也不同，具体处理分录是：借记"丧葬抚恤补助支出"科目，贷记"现金"科目或"支出户存款"科目。

4. 转移支出

"转移支出"科目是为核算基本养老保险对象跨统筹地区流动而转出的基本养老保险基金所设置的，借方登记由于保险对象跨统筹地区流动而转出的基本养老保险基金，贷方登记结转数，期末结转后没有余额，本科目应按跨统筹地区流动的保险对象设置明细账。保险对象跨统筹地区流动意味着保险关系发生了变化，按规定应将该保险对象个人账户中的资金相应划出，即从划出方的支出户结转，按划出的金额，借记"转移支出"科目，贷记"支出户存款"科目。

第三节　社会保险基金精算管理

一、社会保险基金精算的界定

1. 精算的含义

精算是以概率论和数理统计为基础，综合运用人口学、社会学和经济学等相关学科的知识，对风险事件进行评价，对各种财务保障方案未来的收支和财务状况进行评估，以使各类财务保障方案能稳定运行的数量工具。精算学在 17 世纪末成为一门正式的数学学科，最早应用在保险领域，保险精算已成为保险公司经营的基础和前提。传统的精算重点在分析死亡率、制作生命表和应用利息理论方面。现在精算也用到与财务有关的高等数学模型。从事精算的专业人员称为精算师。

2. 社会保险基金精算的含义

社会保险精算，是对各种社会保险计划的风险状况、损失规律、成本及债务水平、长短期财务状况和偿付能力等进行分析，以保证整个社会保险制度能稳定、正常运行的数量分析方法。

3. 社会保险精算与商业保险精算的区别

商业保险精算的目标是预测风险程度、规划保费标准、保证公司盈利；而社会保险精算在追求规避风险的基础上，有维系社会财富再分配的公平和社会稳定的更大目标。基于此，商业保险精算一般是为设计保险产品而进行的基础工作，因而往往限于特定区域、特定项目；社会保险基金精算要求的范围更大，人群覆盖的普及性更强。

社会保险基金精算较商业保险精算更为复杂。因为社会保险基金精算要在全社会范围内对人口与社会经济状况的变化等宏观因素进行计算与预测，而且社会保险基金精算经常受到政策和其他一些人为因素的影响，精算结果有更多的不确定性。社会保险基金精算中的许多条件与假定比商业保险精算更为宽松，精算方法的选择和应用也与商业保险精算存在差异。

二、社会保险基金精算的作用

在社会保障领域，需要对人们面临的老年、疾病、失业、伤残、生育、贫困等使经济生活失去保障的风险进行评价，对社会保障的成本、债务、长期财务收支变动做出估计和预警，保证社会保障制度的财务稳定性。社会保险基金精算是社会保险制度稳定运行和健康发展的重要技术保证。社会保险精算在社会保险基金管理中的重要作用主要体现在两方面：一是确定基金缴费费率；二是分析基金偿付能力。

1. 确定基金缴费费率

社会保险基金的筹集是开展社会保险基金管理各项工作的基础。不管采用何种基金筹集模式，都必须在建立社会保险制度之初重视并且做好精算工作，估计基金筹集成本，分析影响因素，确定合理的筹资比例。不管社会保险基金的来源是个人缴费、企业缴费还是政府财政，都必须在事前对基金所需规模和筹资比例做出较为准确的估计，利用一定的精算方法和模型。通过精算评估各类社会保险计划的风险成本及其变动范围，将上述风险成本和相应的管理费用分摊给每个计划参加者，就可以确定社会保险基金相应的筹资比例，即缴费费率。

2. 分析基金偿付能力

社会保险基金应当具备与其承诺的给付水平相一致的偿付能力。偿付能力要求评估时点的资产不低于负债，也要求评估时期内有足够的资金满足当期支出的要求。前者是对资产和负债存量的要求，如果基金的总资产大于总负债，则社会保险基金是具有偿付能力的；反之，则偿付能力不足。后者是对资金流量的要求，因为社会保险基金的支付大都采用现金支付的方式，因此，资金的流动性很重要。如果社会保险基金的准备金无法及时变现以满足支付需要，即便资产大于负债，也会严重影响基金的可持续发展。为此，应当估计各种风险条件下基金的成本和债务，确保基金运行的平衡和具有长期的偿付能力。科学地估计基金未来的收支情况和近期与远期的偿付能力，确保基金运行的平衡，包括 3~5 年内的短期平衡和 10 年以上，甚至 30 年以上的长期平衡。

三、社会保险基金精算的原理

1. 基金缴费费率确定的原理

首先，对面临同样风险的个体进行大量观察，找出风险事故发生的规律。虽然对每一个参保人而言，何时生病、生病的种类、医疗费用支出的多少、何时会失业、何时会发生工伤、何时会死亡等都很难准确预测，但是基于数理统计上的大数原则，通过对面临同样风险的大量个体进行观察，可以发现风险事故发生的规律。

其次，对风险事故发生的概率和平均损失程度进行较准确的估计，在此基础上估计出各类社会保险计划的风险成本及其变动范围。

最后，依据收支平衡原则，将上述风险成本和相应的管理费用分摊给每个计划参加者，就可以确定社会保险基金相应的筹资比例，即缴费费率。

收支平衡原则要求在一定的期限内，社会保险基金筹集到的资金与需要支付的各项开支要维持平衡。在现收现付制基金筹集模式下，遵循横向平衡，即当年提取的基金总额与所需支付的各项开支总和保持平衡；在完全积累模式下，遵循纵向平衡，即每个社会保险计划参保人在整个缴费期间所提取的基金总和加上基金投资收益应与其所有的保险金给付保持平衡。

2. 基金偿付能力分析的原理

通过风险量化分析评估，测算社会保险基金的债务与资产总额，进而评价是否具有偿付能力。社会保险基金精算债务的确定有两种方法，一种是计算现值，一种是计算终值。计算现值的方法是选择评估期的期初，社会保险基金精算债务等于未来保险金给付的精算现值与未来缴费的精算现值之差；计算终值的方法是选择评估期的期末，社会保险基金精算债务等于评估期缴费的精算终值与评估期所有给付的精算终值之差。

第七章　我国医疗保障体系与保险制度的建构

第一节　医疗保障及其基金管理模式

社会保障是为了保护社会成员生命、财产、权利等不受各种因素导致的侵犯和破坏，社会成员之间的某种意义上的交互动态的有限支撑与支持。它的作用是通过国家或社会采取相关的措施和制度安排来实现。医疗保障，特别是医疗保险制度不仅是现代社会保障制度的有机组成部分，而且是世界上立法最早的社会保险项目，主要涉及社会保障制度中的大部分领域（如病伤、生育、养老等）时遇到的医疗问题。由于医疗卫生服务自身规律呈现的复杂性和不确定性特点，以及世界各国对社会保障及医疗保障内涵认识的不同，使得对医疗保障的理论研究体系仍处于不断发展、变化之中，即使经济和社会发展程度类似的国家，由于政治体制的不同，其医疗保障的模式也可能完全不同。

一、疾病风险与医疗保障

（一）疾病风险与社会医疗保险

疾病风险是指人们因患疾病而遭受痛苦和损失的一种不确定性的状态，是人类面临的诸多风险中，涉及人群广泛、种类复杂、后果严重，而且直接关系人类生存权利和社会发展能力的一类风险形式。虽然对个体而言，疾病风险不可预测，但扩展至一个较大范围的人群，则人群中各类疾病的发病概率相对稳定，可以预测，因此可以利用风险管理技术来分散、减轻和转移。分担疾病风险和疾病经济损失的保险方式有个体保险或医疗保险两种。个体保险是一种纵向分担的方式，是指个体或家庭将部分收入以储蓄的方式积蓄起来，以应对患病后的疾病治疗及其他间接经济损失；医疗保险是一种横向分担的方式，它的费用分担依靠医疗保险体系来完成。因此，现代医疗保险将实现两个职能：①风险分摊，将集中于个体的风险所致经济损失分摊给所有成员，减轻个人的负担风险；②补偿损失，将筹集的保险费用用于补偿风险带来的经济损失，减少个人患病后的实际经济负担。

由于疾病风险具有一定的负向外部性，它不仅给患病个体带来躯体、心理和经济上的伤害和损失，还将给家庭、社会带来负面的影响及损害，进而可能影响社会及国家的可持续发展，因此，有条件的国家均开始建立覆盖广泛人群的社会医疗保险。医疗保险要提高其抗风险能力，须保证足够的人群参保，强制性手段是主要的途径。社会健康保险立法始于德国，它是当时业已存在的自愿协会组织的扩展。这些组织首先是以协会或互助团体的方式存在，其成员的受益重点在于可纳入保险范畴内的各类风险的相互分担，医疗是其中一项重要风险内容。同时，随着社会稳定的需要，这些地方性自发团体逐步转化、扩展或融合成为全民的社会医疗保险，并过渡为医疗保障，即不仅参与保险成员之间相互保障，政府在一定程度上也参与进来，成为提供医疗风险共担的一个重要成员。

（二）医疗保障的定义与运行主体

现代社会医疗保险是指以立法形式通过强制性的规范或自愿的契约，在一定区域、一定人群中筹集医疗保险基金，并为该人群每位成员公平地分担由于疾病或生育引起的以补偿医疗费用为主要目的的一种社会保险制度。随着公共政策的发展，社会医疗保险作为核心组成部分，被纳入社会保障体系。医疗保障制度作为一种正式的社会经济制度，随着社会不断发展变化，其内涵与外延也在不断变化。因此，给医疗保障下一个具有普遍意义的定义较为困难。

在我国，医疗保障作为社会保障体系的有机组成部分，可以看成政府和社会主体的一种公共职责和行为，是指国家通过法律、法规，积极动员全社会的医疗卫生资源，不仅要保障劳动者在患病时能得到基本医疗的诊治，还特别保障无收入、低收入公民，以及由于各种突发事故造成疾病痛苦的公民能得到基本诊治，同时要根据经济和社会发展状况，逐步提高公民的健康福利水平，提高国民健康素质。可见，医疗保障是通过国民收入的再分配而建立起来的一张以为社会全体成员提供基本医疗保障和满足特殊医疗需求为主要内容的安全网，这一安全网应惠及每一名社会成员。

医疗保障运行过程涉及以下三个方面的主体。

第一，医疗服务需方。医疗服务需方指医疗保障覆盖群体中罹患疾病需要消费医疗服务以抵御疾病的患者。当然，在提供预防保障、健康促进、健康教育等医疗保障覆盖的服务中，健康人群也归属于需方。

第二，医疗服务供方。医疗服务供方指由医疗保障管理部门认可并与之签订医疗服务提供合同的各类与疾病诊疗有关的公共卫生保健、医疗、护理、药品等服务的提供者，包括独立开业的各类执业医师、药师等个体及各类医疗机构和药店。

第三，医疗服务付款方。现代医疗保障体系中的医疗服务付款方通常指医患以外的第三方主体。这一主体在社会医疗保险体系中通常被称为健康基金或疾病基金，在国家卫生服务体系中为各级政府的相关职能部门，在私营医疗保障体系中为各类私营保险机构。这些机构通过各种渠道筹集基金，为参保者所消耗的医疗服务付费。

（三）国家层面医疗保障

1. 基本医疗保险

在医疗保障体系中，基本医疗保险具有社会保险性质，是医疗保障的主体形式。从目前的医疗保障实践来看，主要有以下两种形式。

（1）社会医疗保险，它由隶属政府的劳动和社会保障的职能部门组织举办，国家立法强制推行，覆盖某一群体，利用其收入的一部分以医疗保险税（费）方式纳入医疗保险基金，对被保险人因健康原因造成的损失给予补偿或为被保险人购买医药服务的一种社会经济制度。

（2）国家卫生服务制度，它是由政府直接举办医疗机构，应用政府一般税收资金以预算方式拨付给有关部门或医疗机构以维持其运行，向国民提供免费或低收费的医疗服务的一种保障制度。

2. 医疗救助

医疗救助是国家和社会向低收入贫困人口，或因患重病而无力支付昂贵医疗费用而陷入困境的居民提供费用资助的经济行为。这是一种低层次的以减免医疗费用为主要形式的医疗保障。尽管在多数国家的医疗保障体系中，医疗保险已成为最重要的保障形式，但由于贫困问题的长期存在，使得医疗救助在现代医疗保障体系中具有不可替代的托底地位。

（四）补充医疗保险

"补充"相对于"基本"而言，指在国家和社会建立的基本医疗保险制度之外存在、发展，并针对某一部分社会成员起补充作用的各种医疗保险措施的总和。

1. 用人单位补充医疗保险

用人单位补充医疗保险是指在国家相关法规、政府的原则规范的指导下，根据自己的经济效益情况，为进一步强化雇员抵御疾病风险的能力，以用人单位为直接责任主体而建立的一种具有政策性、团体福利性的社会保障制度形式之一。用人单位补充医疗保险所需的资金可以由用人单位独立承担，也可由单位及个人共同承担，政府通过税收优惠的方式对补充医疗保险资金给予财政支持。

2. 商业医疗保险

商业医疗保险是指被保险人在向商业性保险公司投保后，以保险期限内因疾病或身体受到伤害时，保险公司向保险人负责给付保险金的一种保险方式。它是以追逐利益为目的，通过对保险人的风险选择，以防止资金风险、确保利润。商业保险往往根据市场的保险需求设计保险品种，要求需求量达到一定规模才可实施。

二、医疗保障的性质

医疗保障作为社会保障的一个组成部分，具有社会保障的一般特性，但由于疾病风险与医疗服务的特殊性，使医疗保障具有一些特殊性质。

1. 福利性

医疗保障是国家通过国民收入的分配和再分配，对劳动者或对无收入、低收入人群在患病时提供医疗服务帮助与照顾。它既是国家对公民的职责，又是公民依法享有的健康权利，具有法律的规定性、互助共济性和资金来源保障性等明显的社会福利性质。医疗保障的这种福利性质，使它区别于其他的分配形式和保障形式。

2. 公平性

医疗保障作为国民收入再分配的一种形式，公平性是其应有之义。再分配意味着每个纳入体系的社会成员对制度的贡献与其收入呈正相关性，收入越高，贡献越大。同时，公平性要求纳入保障体系的每一位社会成员获得医疗保障的机会和保障水平是公平的。当然，这里的公平不是绝对值的公平，而是保障待遇使用权利上的公平，即只与被保障者的病情有关，不受其身份、职业、年龄、民族、对制度的贡献等因素影响。

3. 强制性

根据国家法律规定，任何一位公民，只要符合医疗保障有关规定，都必须参加并受其保障。这种强制性主要表现在医疗保障资金的筹集来源和渠道方式上。主要有两种方式：①依照国家权利，通过税收强制性征缴社会保障税；②制定有关行政法规等，进行强制性统筹。

4. 社会性

医疗保障是社会化生产的产物，其社会性主要表现在：①保障对象的社会性。理论上说，医疗保障应覆盖全体社会公民。②保障资金来源社会性。医疗保障基金的建立，既依赖政策财政，又依赖于社会、个人及社会捐赠等。③医疗保障涉及面广泛而复杂。如主体方面，既涉及医疗服务系统的医患双方，又涉及医疗保险市场的各方主体，还涉及政府及相关管理部门，这些主体之间均存在相互交织的利益关系，影响着医疗保障的运作。

第二节　医疗保险的供需与供需平衡

疾病发生的不确定性及造成损失的严重性，影响着人们对卫生服务的利用，为规避潜在经济风险，人们客观上需要通过医疗保险来降低医疗费用负担。医疗保险需求存在，必然会有医疗保险供给存在，从而形成医疗保险市场。医疗保险的需求与供给对整个医疗保障体系有着重要影响。此处依据经济学供求规律，介绍医疗保险需求和供给的概念、理论、影响因素及医疗保险供需平衡。

一、医疗保险需求

医疗保障需求是指在特定时间内，一定医疗保险费水平上，保险消费者愿意并且有能力支付的医疗保险保障数量。其形成有两个基本条件：①消费者具有购买医疗保险的愿望；②消费者具有支付能力。医疗保险作为一种商品，消费者想要获得这种商品就必须付出相应代价。如果只有购买意愿而没有支付能力，或者虽有购买能力而没有购买愿望，都不能产生有效的需求。

医疗保险需求与一般需求不同，有物质和精神需求两种表现形式。物质需求是指有形的保障形式，如人们患某种疾病或意外损伤，需要医疗保险给予及时补偿；精神需求是指无形的心理安全保障，如人们参加医疗保险，一旦发生风险，其经济负担可转嫁给医疗保险，降低家庭和个人负担，给人以心理安全感。

（一）需求定律

消费者对医疗保险的需求代表了消费者自愿按各种保险费购买保险数量。在其他条件不变的情况下，需求量随价格上升而减少，随价格的下降而增加。这是经济学中的需求定律。同样，医疗保险需求也遵循该定律。在其他条件不变的条件下，保险费用下降，消费者购买保险数量就增加，反之就会减少。

（二）医疗保险需求理论

消费者为什么要购买医疗保险这种特殊商品，经济学中用于分析消费者行为的理论有两个基本假设，可用于消费者医疗保险需求分析。

1. 边际效用递减法则

尽管人们偏好于财富，但财富带给消费者的效用是服从边际效用递减法则的。随着财富的不断增加，总效用也不断增加；但财富增加带给人的边际效用是会递减的。因此，财富额外增加所获得满足的程度与个人所拥有的财富多少有关。

2．消费者追求最大效用

效用是指消费者所拥有的财富给消费者带来的满足程度，消费者往往追求效用最大化。在现实生活中，疾病的发生是无法预测的，人们不知道自己何时生病、疾病严重程度及需要负担的费用大小。为了追求最大效用，消费者只有以下两种选择。

（1）自我保险。自我保险是指不购买医疗保险，但会面临两种情形：①生病蒙受大笔损失，这种可能性很小；②不生病不蒙受损失，这种可能性很大。

（2）购买保险。如果消费者参加了保险，就必须放弃一部分财富，用于支付医疗保险费用。这笔费用是消费者在患病之前支付的，蒙受的经济损失是确定的。

（三）影响医疗保险需求的因素

医疗保险需求主要取决于消费者能接受纯保险费之外附加费用大小。除此之外，影响医疗保险需求的因素也较多，这些因素相互联系、相互影响，综合作用于医疗保险需求。医疗保险需求的影响因素主要有以下五类。

1．疾病风险

医疗保险产生、存在及发展的前提是疾病风险存在，疾病风险程度越高，往往给人们造成的经济损失也就越大，保险需求就越大。疾病风险对医疗保险需求的影响主要表现在以下两方面。

（1）疾病发生率。疾病发生概率越接近于 0 或者 1 时，消费者对医疗保险的需求越小；疾病发生率越接近 0.5，消费者对医疗保险的需求越大。这是由于对越接近确定性事件，消费者愿意支付的附加费用越少，往往选择自担风险；而对不确定事件，愿意支付的附加费用越高。

（2）疾病损失幅度。疾病预期损失幅度越大，消费者在未投保而患病损失越大。当疾病发生率相等时，预期效用曲线面积与实际效用曲线面积在大损失情况下比小损失情况下要大，因此消费者在纯保费外愿意缴纳更多的附加费来降低大病损失风险。从而，疾病损失幅度越大，对医疗保险需求越大。随着人口老龄化进程加剧及疾病模式的改变，慢性退行性疾病对健康的威胁越来越大，带来的医疗费用也越来越高，必然导致医疗保险需求也越来越大。

2．消费者收入

在商品市场中，消费者收入决定其购买能力，也必然决定消费者的医疗保险需求。对低收入者而言，较高的医疗保险费往往超出其经济承受范围，医疗保险需求将受到限制；而高收入者不仅愿意加入医疗保险，并且希望买到价格高但可获得更多更高质量的医疗服务保险项目。因此，参保者的收入水平是医疗保险需求的主要影响因素之一。无论社会经济发展到什么程度，人们收入水平的差异是永远存在的，会产生不同层次的需求。医疗保险机构探索开发出满足不同层次医疗保险需求的保险业务，是提高医疗保险需求的关键。

因此，为解决消费者收入不同造成的医疗保险需求差异，国家通过立法强制性规定，由国家、单位（雇主）和个人共同缴纳保险费，把具有不同医疗保险需求群体的资金集中起来，即集资建立起来的医疗保险基金，形成基本医疗保险。当个人因疾病接受医疗服务时，合规医疗服务由医保基金支付，杜绝出现低收入人群无医疗保险问题，保证了医疗公平性。

3. 消费者避险心态

不同消费者应对风险的行为是不同的。人们的避险心态共有三种：避险心态、对风险抱中立态度和喜欢冒险。大多数消费者都会表现出避险行为，其财富曲线上就会呈现出边际效用递减现象，避险心态越重的消费者，效用曲线递减速率越快，对医疗保险需求也就越大。相反，有些消费者的效用曲线不会出现递减趋势，甚至可以有递增趋势，这样的消费者就不会购买医疗保险。

4. 医疗费用负担方式

不同的医疗费用负担方式影响着人们对医疗保险的需求。自付的医疗费用比例越高，人们参保的积极性就越低；反之亦然。根据医疗费用的分担方式，可将医疗保险分为起付线支付保险、共付保险、限额保险和混合保险。采用不同医疗费用分担方式的医疗保险，将对医疗服务需方的行为产生不同程度的影响。

（1）起付线支付保险。起付线支付保险是指先设定一定限额，就医时在限额内的部分由被保险者承担，超过限额部分，被保险人不再支付，剩余费用由医疗保险机构承付，这种形式称为扣除保险。扣除保险对医疗保险需方影响程度与起付线高低相关，过高的起付线，使许多人的基本医疗难以保证，使许多正常的医疗服务需求被抑制；过低的起付线，使许多人过多利用医疗服务，造成医疗资源浪费。因此，设定合适的起付线标准是十分必要的。这样既可以防止消费者过度利用医疗服务，又可以满足消费者的基本医疗服务需要。在相同保费的前提下，与其他保险商品相比，起付线越低，消费者获得医疗服务量越多，医疗保险需求也就越多。

（2）共付保险。共付保险是指患者和医疗保险机构共同承担医疗费用的保险形式，如患者支付医疗费用时，医疗保险机构根据规定偿付一部分费用，剩余部分由患者承担。这种共付保险方式能强化患者的费用意识，改善患者的就医行为。共付保险对医疗服务需求的影响取决于共付率高低，共付率是指医疗保险机构支付医疗费用的比例。共付率较高时，患者支付比例降低，保险机构对医疗费用控制程度也就降低；共付率低时，患者支付比例升高，加剧医疗经济负担，会出现患者无力支付医疗费用而影响健康的现象。因此，共付保险共付率高低的设置会影响医疗保险需求。

（3）限额保险。限额保险是指为患者医疗费用补偿额度设置封顶或者设置最大服务量，超出部分由患者自付。在相同保费的前提下，与其他保险商品相比，如果封顶额度设置过低，消费者实际享受到的医疗服务数量或者补偿就会减少，降低患者对该医疗保险的需求。这种保险方式可限制医疗服务供方过度或高额医疗服务，控制医疗保险成本。但是，对无力支付高额医疗费用的大病患者来说，会影响到其健康恢复。

（4）混合保险。混合保险是指将各种支付方式结合起来应用的一种医疗保险形式。当疾病发生率高、医疗服务需求量大且每笔医疗费用都在起付线以上时，可采用扣除保险的形式，以减少医疗服务成本。当费用在起付线和封顶线之间时，可采用共付方式，提高患者的费用意识，避免造成医疗浪费。当费用高于封顶线时，设置大病保险，达到分摊风险的目的。混合保险对医疗保险需求的影响，取决于在相同保费的前提下，与其他保险商品相比，所设定支付门槛消费者获得的医疗服务量或补偿越多，医疗保险需求量越大。

5. 医疗服务的提供

医疗保险需求根本上源于人们对医疗服务的需求。医疗服务需求受到服务供给价格、种类、质量及医疗费用的影响。如果提供的医疗服务种类及数量不能满足人们的医疗服务需求，则会影响人们对医疗保险的需求。在此种情况下，患者不能获得其所需要的医疗服务。此外，随着医疗费用水平不断提高，患者的医疗经济负担也会逐渐增大，对日常生活的影响也越来越大，人们对医疗保险的需求也会变得更加迫切。

除以上影响因素，还有其他很多因素均在不同程度上影响医疗保险的需求。如消费者的年龄、性别、职业、文化水平、保险意识、健康状况。健康状况对医疗保险需求的影响往往是健康状况越差的人参加保险的可能性越大；反之，可能性越小。任是，许多研究结果与上述假设恰恰相反，造成这种现象的原因是收入、文化水平等差异，年龄、性别、职业、文化水平等人口学因素，在很大程度上决定着人们的保险意识。尽管疾病风险的存在是人们参加医疗保险的主要原因，但是它仅是一种客观因素，如果人们没有保险意识，就没有参加医疗保险的主观愿望，也就不会产生对医疗保险的需求。

二、医疗保险供给

（一）医疗保险供给的概念

医疗保险供给可以用医疗保险机构承保能力来表示，包含质和量两方面。医疗保险供给的质既包括医疗保险机构所提供的各种不同的险种，也包括每种险种的质量高低；医疗保险供给的量是指医疗保险机构为某个险种所能提供的经济保障额度。

形成医疗保险供给必须满足两个条件：一个是有供给意愿，另一个是有供给能力，两者缺一不可。

与医疗保险需求相联系，医疗保险供给也有两种具体的形式：①人们可以看得见的，体现在物质方面的有形的经济保障形态，即医疗保险机构按医疗保险合同规定的偿付责任范围，或是通过定点医疗单位提供的直接医疗服务，或是予以一定数量或全部的医疗费用的补偿或给付；②体现在精神方面的无形的心理保障形式，即医疗保险机构为所有参保人提供的心理安全保障。

（二）医疗保险供给经济学理论

在商品市场中，商品生产者的生产目的是追求利润最大化，医疗保险供给者与商品生产者追求的目标是一致的，都是为了追求利润最大化。

医疗服务市场由于信息不对称而导致市场失灵问题，医疗保险市场也存在一些与医疗服务特性、信息不对称等有关的特殊性和不确定性。由于保险市场的特点，保险供给者在追求利润最大化的过程中表现出特有的经济行为。

1. 注重风险选择

在医疗保险的生产成本中，除生产要素成本，很大一部分成本用于补偿保险者医疗费用。在追求利益最大化的过程中，保险提供者通过"风险选择"方式，尽量吸收收入高、支付能力强且健康状况好的人群参保，扩大保费收入与医疗费用补偿之间的差别，从而获取更大利润。

2. 强化医患费用意识

在医疗保健系统中，医疗市场与医疗服务市场是不可分割的整体。医疗费用补偿多少主要取决于医疗服务运行情况。现代医疗保险系统是医疗保险第三方付费模式，这种模式导致医患双方往往缺乏费用意识，保险机构费用上升。保险供给者会采取多种费用分担机制，诸如设定起付线和加大共付比例控制参保人的医疗服务需求。同时也可以对供方采取多种费用支付方式，用以控制医疗成本的上涨。

3. 限制承保内容

随着医疗服务需求的不断增长，医疗服务方式和技术水平不断提高，现有资源无法满足向人们提供所有医疗服务，承保机构往往对承包内容加以限制。

4. 兼具补偿与融资职能

除了具有组织经济补偿职能，保险机构还有融资的金融功能。因此，保险公司还表现出金融机构所具有的行为规范，把积累暂时不需要偿付的保险基金用于短期贷款、流动性较强的投资和一部分中长期投资，以此来降低保险机构积累保险基金的机会成本，增加盈利，同时也为降低保险费提供物质条件。

（三）医疗保险供给主要影响因素

医疗保险供给的产生是为了满足人们对医疗保险的需求，没有医疗保险的需求，也就不存在医疗保险的供给。因此，医疗保险需求是影响医疗保险供给的根本因素。除此之外，很多因素都会影响到医疗保险的供给，具体包括以下六个方面内容。

1. 医疗保险费率

医疗保险供给与医疗保险费率呈正相关关系，保险费率上升则会刺激医疗保险供给增加；反之，医疗保险供给则会降低。

2. 承保能力

承保能力是指医疗保险机构提供医疗保险服务的能力，相当于企业的生产能力。它是决定保险供给的主要因素之一。承保能力的大小主要取决于以下方面。

（1）保险经营资本。因为医疗保险机构开展医疗保险业务，需要一定的物质条件，包括建设或租用房屋、购买必要的设备和办公设施、营业费用、行政费用及责任准备金等。有限的资本量将会制约医疗保险机构的规模，而保险机构规模的大小又影响着其承保能力。

（2）经营管理水平，如高水平的经营管理可以带来保险服务的高效率，从而提高承保能力。

（3）医疗保险机构人员的数量及质量，直接影响医疗保险机构的经营管理水平及医疗保险服务提供的数量和质量。

（4）参保人的缴费能力。医疗保险机构是运用参保人缴纳的医疗保险费向参保人提供经济补偿的，收缴的医疗保险费越多，医疗保险机构的承保能力就越强。

（5）保险业的效率，包括降低偿付率和费用率，提高投资收益率和保险增长率等。

（6）保险业的信誉程度，主要指赔款的速度与合理性。这将直接影响医疗保险的供给规模，赔款速度快且赔款水平合理，则保险机构的信誉度就越高，而高信誉度的保险机构将会吸引更多的人来参保。

（7）保险机构融资收益能力，除了具有经济补偿职能，还有融通资金的职能。保险机构把积累的暂时不需要偿付的保险基金用于短期贷款、流动性较强的投资和一部分中长期投资，以此来降低保险机构的成本，增加盈利。保险机构运用保险基金所取得的利润称为融资收益。融资收益高，承保能力就强，保险供给量也会相应地扩大。

此外，医疗保险机构的承保能力还体现在所提供的医疗保险服务是否能满足参保人对医疗保险的需求。如果医疗保险机构所提供的医疗保险项目不能满足人们的需求，则会降低人们参保的积极性，从而影响医疗保险供给。

3. 医疗保险成本

医疗保险成本是指在接受保险服务过程中所有的费用支出，包括保险费用偿付、保险机构人力资源成本、房屋租金、设备及各类管理费用等。医疗保险成本过高，意味着支出大，经济效益减少，必然导致供给减少。医疗保险成本高会导致保险费率增加，缴纳过多医疗保险费必然影响医疗保险需求，从而影响医疗保险供给。即医疗保险的成本越高，医疗保险的供给量也越小；反之，则医疗保险的供给量就越大。

4. 险种设计技术

医疗保险的专业性、技术性很强。由于医疗服务和疾病的特殊性，导致很多险种很难设计，因此，即使有很大的市场需求，也很难供给。因而，险种设计难易制约着医疗保险供给。

5. 医疗服务因素

医疗保险供给主要是通过医疗服务的形式实现的。因此，医疗服务的数量和质量对医疗保险供给有着非常重要的影响。医疗单位对参加医疗保险的患者所提供的医疗服务应适当而有效，即医务人员对患者因病施治，合理检查，合理用药，而且疗效明显，这样就可以节省和降低用于医疗服务部分的医疗保险基金的开支，从而相应地扩大医疗保险的供给。相反，如果因医疗服务质量差、医药资源浪费及医德风险等人为因素，造成医疗费用开支失控，就会削弱医疗保险基金的偿付能力，也就相应地减少了医疗保险的供给。

6. 政府干预因素

政府干预因素主要是指政府所指定的政策、法规、法律等，这些因素很大程度上决定着保险业务的发展。政府制定的社会经济与社会保障发展政策，在宏观上会在很大程度影响医疗保险供给。不同的医疗保险政策，医疗保险供给总量会存在差异，而健全的法规制度建设能使医疗保险供给能力维持在均衡水平以上。此外，社会环境和经济秩序的稳定，政府对医疗保险的大力扶持和有效管理，能扩大医疗保险供给规模。政府干预力度与医疗保险供给成正相关关系。

三、医疗保险供给与需求平衡

市场是由消费者和供给者的行为共同决定的，通过价格杠杆作用，使需求和供给达到均衡。此时，在既定条件下，消费者支付最低价格可以获得最大满足，供给者以最小的成本可获得最大的利润。因此，通过对医疗保险需求与供给进行综合分析，协调把握好两者之间的关系，充分发挥好医疗保险补偿和保障功能。

（一）医疗保险市场的特征

由于医疗保险市场与医疗服务市场密不可分，医疗服务市场对医疗保险市场有着重要影响，医疗保险市场有如下特点。

1. 道德风险

在医疗保险介入前，消费者在医疗服务市场接受医疗服务，并依据市场价格交付相应费用，消费者可根据自身经济及效用情况来决定是否接受医疗服务。医疗保险介入后，消费者由于支付低于市场价格的医疗服务费用，可能会过度利用医疗服务，从而产生道德风险问题。医疗保险中的道德风险可导致医疗费用过快上涨，造成资源浪费。

2. 逆向选择

在医疗保险市场中，供需双方信息不对称而造成逆向选择现象。逆向选择是指制度的实施不但没有纳入优质对象，反而选择纳入劣质对象。在日常生活中，往往是体弱多病的人接受的医疗保障费用高，理论上讲，他们支付的保费也相应较多。但是，由于供需双方信息不对称，投保者更清楚自己的身体状况，当投保者知道自己的患病水平高于一般水平时，他便会积极投保。但保险费率是根据平均风险来计算的，而购买者都是高于平均风险的人，这样保险机构就容易亏损。为避免亏损，保险机构只能提高保险费率，使风险相对较少的人纷纷退出保险市场，留下的是高风险的人。这样的恶性循环使保险机构的财务变得困难，而出现供给不足。

3. 度量医疗服务产出难度大

医疗服务投入根据各生产要素的投入量可以大致估算出来，但医疗服务产出是健康改善程度，其度量存在一定难度。医疗服务产出的计算往往是根据婴儿死亡率、预期寿命和疾病导致健康损失等指标粗略估算的。医疗服务产出上的不确定性要求医疗保险机构要有极高的专业性，这给保险机构对医疗费用的监管带来极大挑战。

4. 诱导需求和过度医疗

有些患者医学知识匮乏，而医师在具有自身利益的服务中，医师既是顾问又是服务提供者，因此可以创造额外需求，即供方创造需求。当医师采用费用较高的治疗方案时，为追求自身利润最大化，就会创造出多余医疗服务需求，造成医疗资源浪费和患者负担加重。此外，保险公司还必须面对医患双方合谋问题，这些都会增加医疗保险机构支出，使监管成本增加。

（二）供求关系

1. 供需均衡

医疗保险供需均衡是指在一定价格水平上，医疗保险供给数量与需求数量相等。在这一价格水平上，医疗保险消费者的需求能得到满足，医疗保险机构愿意而且能提供医疗保险量。

2. 供大于求

医疗保险市场供需均衡受到市场竞争的制约。保险市场上，费率水平高低往往受到市场竞争程度的制约。市场达到均衡后，如果由于某种原因导致实际费率高于均衡费率，则保险的意愿需求量减小，原有供需平衡将会被打破，出现医疗保险市场供大于求的情况，医疗保险机构供给能力过剩。此时，在竞争医疗市场中，医疗保险费率必然会降低，刺激需求增加，并且在较低的价格水平上迫使医疗保险机构减少供给，从而逐渐达到新的平衡。

3. 供小于求

如果由于某种原因导致实际费率低于均衡费率，则保险的意愿供给量变小，原有均衡将被打破，出现供给小于需求的状况。此时，在竞争医疗保险市场中，医疗保险费率必然升高。当医疗保险费率上升后，在较高费率的刺激下，医疗保险供给则会增加，过多医疗保险需求将会被抑制，从而减少供需缺口，逐渐达到供需平衡。

上述三种情况，第一种情况达到了医疗保险需求与供给之间的均衡，其他两种情况均未达到均衡状态。在现实生活中，医疗保险供给与需求之间的均衡是动态的、短暂的。随着时间、地点等各种因素不断改变，医疗保险供给与需求关系不断发生新的变化。要实现医疗保险供需平衡，需要不断去研究影响医疗保险供需平衡的各类影响因素，采取必要措施，解决医疗保险市场的供需矛盾问题。

（三）　实现供需均衡的方式

从医疗保险供求之间的关系可以看出，医疗保险供需之间的关系是动态的，随着相关条件的变化，两者之间的关系也不断发生变化。医疗保险供需的平衡被打破，对供需双方来说都会产生不利影响。对需方来说，消费者可能支付了较高的保险费用，但未能获得与保险费用水平相当的补偿，降低了消费者参保的积极性；对医疗保险提供者而言，可能会造成收不抵支的现象，出现亏损。因此，应避免此类现象发生。

1. 医疗保险决策

医疗保险决策是指通过有效运作为实现保险供需均衡打下坚实的基础。医疗保险决策作为一个过程，包括医疗保险供求调查、供求预测和决策三个环节。

（1）供求调查。供求调查是医疗保险决策的第一个环节，是指系统地收集、记录、统计和整理有关医疗保险需求、供给、覆盖人群及市场占有率等资料。供求调查主要完成四个工作：①个体需求调查。通过个体需求调查了解医疗保险总体需求。②现实和潜在需求调查。根据调查结果，可帮助主动扩大或减少医疗保险供给，努力尝试开发新的险种，满足消费者对医疗保险的需求。③需求影响因素调查。特别是了解个人和企业经济收入水平和医疗保险缴费能力，把握个人和企业经济收入变动趋势，以便确定医疗保险准确需求量。④供给状况及影响因素调查。了解医疗保险社会覆盖面及自身拥有的资源，了解社会人群医疗保险费率和医疗服务相关方面的评价和满意程度。总之，通过这些调查，能掌握比较完整的、系统的关于医疗保险供给与需求资料，为医疗保险供求预测奠定基础。

（2）供求预测。通过对医疗保险供求的调查，通过对加工整理资料进行分析，可对医疗保险供求进行预测，判断医疗保险供求未来的发展趋势。通过对医疗保险供求预测，可达到两个方面的目的：①从宏观角度掌握社会医疗保险供求发展总规模，以此确定医疗保险发展总方针及供求管理和调控总策略。②从微观角度为医疗保险机构确定正确经营策略及准确的经营计划。

做好医疗保险供求预测，须做到两点：①严格依据现实和历史有关资料，以影响供求的各种因素为依据，以便正确判断和确定各影响因素对医疗保险供求的影响。②认真分析实际发生的医疗保险费率、投保范围及医疗服务质量等方面的情况，对医疗保险社会覆盖面和市场占有率进行预测，客观估计采取各种措施对医疗保险社会覆盖面及社会和经济的影响程度。总之，医疗保险供求预测是制定医疗保险发展规划，进行医疗保险决策的重要依据。

（3）决策。医疗保险决策是确定医疗保险发展具体目标，选择医疗保险运作最佳方案的过程。它以医疗保险供求调查和预测为基础。做好医疗保险决策可起到三个方面的作用：①医疗保险实施的根据和成果评价标准。②确定医疗保险供求发展方向、规模和远景。③解决医疗保险发展外部环境、内部条件和发展目标三者的动态均衡问题。通过正确的医疗保险决策，最终可谋取医疗保险的供需平衡。

2. 医疗保险调控

医疗保险调控是指运用一定方法和手段对医疗保险的供需关系进行调节和控制的过程，目的是达到供需平衡。通过医疗保险风险与医疗保险基金相结合，使医疗保险基金能满足医疗保险责任的需要，并不断提高医疗保险的社会效益和经济效益。实施医疗保险调控是国家政府部门的职能。一方面，国家通过制定一系列政策促使医疗保险制度不断完善，从总体上对医疗保险进行调控，引导其发展；另一方面，主要通过有关职能机构对医疗保险业务的经营进行指导、协调、管理、监督，对社会投入医疗保险的资源进行计划、组织，使社会的医疗保险供需达到均衡，并与整个社会经济相协调。

第三节　医疗保险的筹资机制与偿付方式

医疗保险的基金是由政府强制规定的，各类机构在社会范围内筹集、用于社会范围内共济互助预防重大基本风险的资金。这类资金主要是用于化解社会疾病风险，遵循大数原则和风险共济原则，由政府规定的主体人缴纳，来化解社会成员因患病造成的健康风险。医疗保险基金的筹集方式有多种，具体包括固定保险金额、与工资或收入挂钩、按区域缴纳等。固定保险金额即确定一个固定的额度向承担缴费义务者征集医疗保险费。与工资或收入挂钩是按照工资或收入的百分比缴纳。按区域缴纳是按照各区域内卫生基本设施的条件来确定几种保险费级别。

社会成员所缴纳的资金是医疗保险运行的财政基础，是由政府监管下的指定机构对社会成员进行筹集。在社会医疗保险资金筹集的过程中，往往具有强制性，体现出社会风险共济的原则。而在财务运行方面，医疗保险和其他保险类似，采用现收现付、积累资金、混合制三种机制，但现收现付制还是大多数国家财务机制的主要方式。中国非常重视医疗保险筹资的稳定可持续，对资金来源、缴费标准、各方责任等均有明确的规定，基本医保制度健康持续运行多年，稳定可持续的筹资机制功不可没。但从审计结果看，应保未保、应缴未缴、应收未收的问题在许多地方仍然存在。究其原因，一些地方政府、用人单位和个人的责任不到位是问题的症结所在，亟待统一制度政策，加强法治建设，完善医保缴费参保政策。

一、医疗保险的筹资机制

医疗保险的运作需要资金的支持，其筹集的过程复杂，渠道多元。主要渠道包括政府强制性征收、企业为员工缴纳、公共财政拨款以及基金本身收取的利息和其他收入。许多国家的缴费方式为固定保险费金额制，即政府规定缴纳费用的固定金额，公民按照固定的金额缴纳医疗保险费用给经办机构；还有一种方法是与工资或收入挂钩制，即缴纳的费用比率由工资和收入决定，大多数国家采用与工资挂钩的形式来向社会成员征收基本医疗保险。类似地，针对不同的对象，费率也不一样，有时针对同一对象的不同时期征收的费率也不一样。

以日本和中国的缴费比率为例进行比较，中国的缴费流程和比率是由统筹层次决定的，统筹层次越低缴纳的费用越低，统筹层次一致的地区缴纳的费用往往也一致。在日本，不同的企业缴纳的费率不一致，大企业和中小企业的雇主和雇员缴纳的费用有较大的区别，在大企业的医疗保险缴纳中，雇员与雇主缴纳的比率一致，在中小企业的医疗保险缴纳中，雇员缴纳的比率要低于雇主缴纳的比率。另外，日本对参与全民健康保险的社会成员，实行区别于上述规律的缴纳方式，即按照经济状况来缴纳，其费用高于普通的雇员保险。

在财务机制方面，包括筹集资金的原则、筹集资金的来源和筹集资金的方式等内容。从每个国家的财务机制运行方式可以看出各个国家是怎样看待本国的医疗保险运行，又是如何通过医疗保险资金的管理来实现化解全体社会疾病风险这一大问题的。医疗保险的基金筹集过程同样需要兼顾公平与效率这一对关系，医疗保险筹集的公平可以体现在四个方面：一是按社会成员的实际经济负担情况进行收取，体现了公平；二是权利与义务的相对，体现了公平；三是使用者与其他社会成员之间的公平；四是代际公平。医疗保险筹集的效率可以体现在三个方面：一是基金的筹集促进了社会的生产和生活积极性；二是基金的筹集有利于医疗保险服务的进步；三是基金的筹集有利于增强社会成员的主体意识。

（一）筹资原则

从各个国家运行医疗保险基金的历程来看，在筹集过程中会遵循五个基本原则，具体如下。

1. 法治化原则

医疗保险基金的筹集是一个规模较大的过程，筹集的过程中因涉及多方的参与导致利益相悖的逐利行为，因此在筹集的过程中要严格按照法律的规定来实施，避免发生医疗保险基金的盗用等违法行为。

2. 基本保障原则

医疗保险是对社会成员的基本需求进行保障，即与维持生命有关的最低层次的医疗需求，对更高层次的享受性的医疗需求，政府则不予保障。

3. 相对稳定原则

因为医疗保险与社会成员是息息相关的，任何一个环节的更改必然要耗费大量的社会成本，因此医疗保险的筹集方式和筹集金额在确定之后要保持短期的不更改。

4. 统一费率原则

缴费流程和比率是由统筹层次决定的，统筹层次越低缴纳的费用越低，统筹层次一致的地区缴纳的费用往往也一致。

5. 共同负担原则

基金缴纳的来源分为个人、单位、政府和其他主体，社会成员人数众多，是缴纳医疗保险费用的主要来源。国家承担的部分是指政府资助医疗保险的资金，其主要方式有为政府雇员缴纳保险费、对没有能力缴费的人进行补贴，在医疗保险基金出现赤字时给予补助等。

除此之外，医疗保险还遵循两个基本规律，具体如下。

（1）以支定收、收支平衡、略有结余。医疗保险的运作原理是将社会成员缴纳的保险费筹集起来形成一个社会共济体，基金的运作收益用来化解社会成员的重大疾病风险。医疗保险运作的过程要遵循这个基本规律。通过在社会筹集的资金总额来决定支出的方式和分配给社会成员的比率。同时，要保证医疗保险的收入和支出在一定程度上的平衡，这样的方法有利于政府观察社会成员收入的变化，通过这种变化来决定支出，可以避免政府医疗保险基金陷入收不抵支的僵局。

（2）保障基本医疗需求。国家医疗保险保障的是社会公民最基本的医疗服务需求，国家医疗保险的基金是用于全体社会公民的基本医疗保障的，更高层次的医疗需求国家不予保障。因此国家要合理地设置基本医疗保障的标准，过低会导致公民基本的权利得不到保障，过高则会导致企业和国家收不抵支。

（二）筹资来源

医疗保险基金的筹集由国家统筹，政府财政拨款是基金的重要组成部分，另外用人单位的雇主为雇员缴纳固定的医疗保险费也是基金的组成部分。其余的部分来自个人保险费、基金的运行收益和另外的收入。在医疗保险基金中，政府、用人单位和社会成员是主要部分，其他收入包括医疗保险机构罚没的滞纳金、社会团体或个人的捐赠等。三种主要资金来源的不同组合，会形成不同的基金筹资模式。目前，社会医疗保险基金筹集模式主要有以下四种。

第一，政府全额负担，即由政府全额负担或基本负担医疗保险费用。

第二，个人全额负担，由个人全额负担的医疗保险有：个人参加的商业医疗保险；互助医疗保险等补充形式的医疗保险；一些没有单位的工作人员的医疗保险，如自由职业人员等的医疗保险。

第三，政府和个人共同负担，主要适用于没有职业或收入很低的人群。

第四，政府、用人单位和个人三方共担，这是大多数国家采用的方式。在三方负担的比例上，各国的情况有所不同，特别是企业和个人的负担比例，各国差距比较大。

（三）筹资方式

对社会成员来说，缴纳的医疗保险费是按一定的标准来规定的，有四种具体的标准：一是固定金额，即由政府规定的适合经济发展情况的具体费率；二是与社会成员的工资相对应的费率；三是与社会成员除收入以外的具体经济状况相对应的费率；四是按照区域发展情况来决定区域内的统一费率。最常见的医疗保险缴纳方式是以工资为标准，这样的方法考虑了社会成员的生活水平和缴费能力，使社会成员在能支付足额的医疗保险费用的情况下保留足够的生活费用，使医疗保险的运行可以持续。这样的缴费方式同样有利于国家掌握社会成员的支付能力和收入情况，对调控国家经济有重要作用，也方便了国家按标准征收医疗保险费用，大大降低了征收的难度。

二、医疗保险的偿付方式

医疗保险的偿付是医疗保险运行中的对接部分，是将费用偿付到各参保人的环节。主要指保险机构依据医疗保险的相关制度规定，对法律规定的参保人符合医疗保险制度规定的费用进行补偿和报销，这部分费用由国家严格审核，从医疗保险基金中进行给付。医疗保险的偿付过程开始于受保人发生疾病以后，由指定的机构审核受保人的资质，根据疾病的种类或服务的类型对受保人进行补偿。补偿过程中要办理相应的手续，如凭证和转诊文件等。在我国只要符合受保人投保的程序与法律一致，就可以得到相应的医疗保险偿付。但一般来说，各个国家都会对被保险人加入医疗保险的时间做出一定的期限限制。

总的来说，医疗保险的偿付项目的范围和标准根据不同国家条件的不同会有所不同。在一些福利国家，除患者的医疗费用外，还逐渐增加了预防、免疫、早期诊断、保健、老年护理、疗养康复等。另外，有的国家只对劳动者本人即被保险人提供保险待遇，而有的国家对被保险人无工作的直系亲属也提供保险给付待遇。

（一）医疗保险的偿付特点和原则

1. 医疗保险的偿付特点

各国的医疗保险都具有相似的特征，这些特征主要包括以下内容。

（1）医疗保险费用补偿较为复杂。医疗保险的偿付方法具有多样性，偿付的流程具有复杂性，主要体现在三个方面：第一，医疗保险不同于其他商业保险，是一个大规模的由国家调控的保险，因此在医疗保险的偿付过程中参与者具有多样性，包括参保者、政府、企业、医疗机构等。因此进行费用偿付时，既可以发放给参保者，也可以发放给医疗保险的供给者。第二，社会成员的数量决定了疾病具有复杂性，因此不同的疾病种类导致不同的药物补偿，政府对各种药物的偿付必须有统一的规则，才能确保社会成员及时享受到社会医疗的保障。第三，偿付方式具有多样性，从医疗保险发展的历史和总结的经验来看，多样化的偿付方式往往能提升效率和避免出现不正当的行为。

（2）偿付环节的关系。医疗保险的偿付环节将传统患者与医生的关系转变为参保者与供给者的关系。传统的社会医疗服务是患者自行就医并直接与医生接触，患者的医疗费用直接支付给医生。而自社会医疗保险制度实施后，这样的关系发生了改变，患者作为保险的参保人，将医疗费用支付给指定的医疗机构，在医院，即医疗服务的供给者处就诊之后，指定的医疗机构将患者的医疗费用代支付给医疗服务的供给者，成了三个主体的行为。这样的改变大大降低了患者与医疗服务提供方的经济矛盾，缓解了患者因经济问题而得不到治疗的难题。

（3）医疗保险的主体具有多样性。直接与偿付过程相关的是经办机构与定点医疗机构。医疗保险机构对患者的医疗费用进行具体核实，与指定的医疗机构签订报销合同以保障双方的利益。由指定的机构向受保人提供服务并向医疗保险机构领取偿付金额，同时医疗保险机构对指定机构的医疗服务进行监督和管理，因此两者之间是一种法律关系。

（4）医疗费用的偿付不是无限的。由于患者所患疾病的不同，医疗保险偿付的金额也不同，因此对一些特殊疾病的偿付可能覆盖不足。医疗保险只是保障患者最基本的医疗需求，因此收取的医疗保险费用是有限的，从而患者享受到的医疗服务和供给也是有限的。

2. 医疗保险的偿付原则

医疗保险费用补偿规定的条件是对参保人偿付资格的审核，参保人要享受国家医疗保险的偿付或报销需要办理一系列的手续和遵守国家医疗保险的相关制度。在参保人患病之后，满足国家规定的医疗给付制度后才能享受相应的费用报销和补偿，如不满足制度规定的给付标准或手续不完善，则无法享受医疗保险的给付。但在实际上，不是每个人的医疗保险待遇都是完全平等的，虽然法律规定每个社会成员都有权利享受医疗费用的给付，即权利平等，但是根据社会成员患病种类和经济状况的不同，医疗保险的实际偿付范围也有所不同。所以国家规定的医疗保险费用的标准在付诸实施时是根据主体来变化的。医疗保险的给付普遍遵循以下三个基本原则。

（1）公正原则。医疗保险给付应保证每个受保人都有均等的就医权利和机会。

（2）适当原则。参保人所享有的医疗服务和待遇，应该以医疗保险的财力为标准，并能保证受保人获得适当的医疗照顾。

（3）连续性原则。医疗保险给付应保证被保险人获得所有必需的医疗服务。

（二）医疗保险需方的偿付方式

所谓需方指的是在医疗保险服务中的参保人，医疗保险需方的偿付方式是指由机构偿还参保人就医时支付的医疗费用的方式。具体有以下三种方法。

1. 起付线法

起付线法是指患者在患病去指定医院就医以后，先自己垫付一定比例的医疗费用，并按照一定的标准享受医疗机构的补偿。这种自行支付额度的方法叫作起付线法。在执行起付线法时也分为不同的支付方式，可以通过一年的支付费用累计或一次看诊的费用支付，也可以按照不同疾病就诊的类型支付。

使用这种偿付方式的优点有三个：①集中社会财富，使保险费用按照最高标准进行保障；②可以避免参保人因和费用支付流程脱节而产生的浪费行为；③减少了机构直接支付大量款项的程序，有效提高了医疗机构的工作效率，从而提高了供给参保人基本医疗服务的质量。

2. 按比例分担法

按比例分担法是一种共同承担的支付方法，这种方法的核心在于共同承担，即保险机构和参保人双方各自按比例支付费用的方法。这个比例由政府根据社会成员的收入情况来决定，称为共同付费率。这个比例可以根据社会经济的发展状况而变化，具体做法是将医疗费用划分为按金额递增的区域，在金额越少的区域，社会成员的付费率较低，在金额较多的区域，社会成员的付费率较高。

这种方法便于操作，并根据社会经济发展情况而变动，具有可操作性和适应性，国家可以有效调控医疗保险费用的比例。

3. 封顶线法

封顶线法也被称为最高限额保险法。它是用一个规定的封顶线来区别必须偿付部分和免偿付部分，机构在必须偿付部分范围内进行支付，其余部分由被保险人支付。这种缴费方法与起付线法相反，封顶线法虽然提供最低保额，但是基于基本医疗服务的最低保额，也能有效避免患者对享受性医疗服务的追求。另外，通过对最高保额的限制可以提高患者日常去医院预防检查的频率，鼓励患者在疾病初期进行治疗，避免小病拖成大病。

以上缴费方法是各个国家常用的医疗保险缴费方法，但因各种方法有利有弊，所以在执行时往往将多种方法结合起来实施，避免因使用一种方法导致的弊端，有利于医疗保险基金的长期运行。

（三）医疗保险医疗供方的偿付方式

医疗供方，即按规定成立的医疗机构，是指为社会成员提供基本社会医疗保险的主体。医疗保险供方的偿付方式是指医疗供方在对被保障者提供支付时采取的方式。医疗保险医疗服务供方的偿付方式具有多样性，最常见的有以下六种。

1. 按服务项目付费

按照项目种类来支付医疗保险费用的方式是迄今为止各国普遍采用的偿付方式。具体方式是政府规定的经办机构通过调查患者所接受的各类具体医疗服务项目来进行补偿。不同的服务项目费用偿付的标准不同，经办机构按照服务项目的种类来对患者进行偿付，且偿付行为发生在患者享受医疗保险服务之后。

这种偿付方式有许多优点，主要为：①医疗保险费用评估方法较为方便，各执行主体能理解；②医疗服务不是在限制的区域内展开的，可以充分迎合患者的多样化需求，覆盖范围较广。同时这种支付方式也有一些不足，表现为：①在患者接受服务之后再进行偿付，政府便无法在医疗保险行为执行前对一些机构进行直接监督，会导致操作的延迟性和患者的一些不理性行为；②因为医疗保险服务的项目复杂，服务类型种类较多，政府需要监督的对象较多，审核流程长、难度大。

2. 按服务单元付费

除了按服务项目付费这种方式之外，还可以按照服务单元来进行付费，即将参与医疗服务中的各项流程或具体对象作为一个评估单位，如看诊次数、住院日数等。从患者就医的时间长度可以判断出患者就医的方式，具体分为门诊和住院，在对这两种就医方式的评估中，大都采用人均标准。

（1）人均门诊费有标准。门诊费用的补偿通常采用人均门诊费用的标准，这种标准的计算方法是用单位时间内总计费用除以人次。确定人均标准之后，政府指定的经办机构就可以按照这种标准对患者在门诊就医的费用进行报销。

（2）人均住院费用标准。住院费用的补偿通常采用人均住院费用的标准，这种标准的计算方法是结合出院的人数和出院人数的住院天数，计算出单个社会成员住院时间的平均值。确定人均标准之后，政府指定的经办机构就可以按照标准对患者住院的费用进行报销。

不同国家政府依据本国国情使用不同的偿付方式，在西欧最常见的是按服务单元付费法。这种方法的优点体现在：①将住院费用与医生挂钩，从而促使医生提高自己的工作效率，增加看诊的次数；②能有效地降低药品的费用；③更加方便政府对医疗费用的支付进行监督和管理。

3. 按病种付费

这种付费方式体现出了医疗保险保障的对象，即患者的疾病种类。按病种付费从治疗过程的角度来划分医疗服务，将患者的基本信息细化并分门别类，划分为大量不同的组别形成疾病的不同级别。级别越高的说明疾病的严重程度越高，报销的费用越高；级别越低的说明疾病的严重程度越低，报销的费用越低。最后由政府指定的经办机构进行与级别相对应的费用补偿。

医疗保险制度确立之后许多国家采用按病种付费的方式进行偿付。按病种付费的优点在于：①按病种付费能有效控制医院对医疗费用的高定价，促使各大医院降低医疗服务的费用，形成公平竞争的市场氛围；②国家医疗保障部门可以根据疾病的种类了解社会成员的健康状况，使预防和调查特殊疾病时有迹可循。但按病种付费的缺点在于难以对各类复杂的疾病分组，医院可能会做出诱导性消费的行为。

4. 按人头付费

按人头付费是通过对主体就诊数量来进行偿付。这种方法的具体计算方式是在一年的时间单位内，具有政府认定资质的社会保险经办机构一次性补偿一份保险费用作为基金，款项到达医院后由医院对各类就诊患者进行治疗，并不得向患者另外收取费用。

按人头付费的方式产生于患者就诊之前，它的优点在于：①医院能自觉控制成本，避免了诱导性消费行为；②可以增加患者预防性治疗的频率，避免小病拖成大病现象的产生。这种付费方式的缺陷在于可能存在服务质量下降，出现一些严重的疾病因高额的费用成本而得不到医治的现象。

5. 总额预算制

总额预算制是一种由财政制度演化出来的偿付方式，由年度偿还的医疗保险总额来确定下一年的预算金额，保险经办机构指定出一年的预算金额后，在一年中不再筹集资金进行偿付。在一年的时间单位内，医院支付的医疗成本从预算中扣除，并自负盈亏。

总额预算制这种具有财政特点的预算方式的优点体现在：①医院作为医疗费用使用的主体获得了极大的自主权，可以从医疗技术的角度分配医疗成本；②预算制的支付方法简单，易于操作，可以减少管理人员，提高医疗服务效率。但这个方法有一个明显的不足之处是对预算总额的确定有难度。

6. 按工资标准偿付

以社会成员的工资作为参考来制定偿付标准的方法叫作工资标准偿付法。这种方法不是根据社会成员的工资来作为偿付标准制定的根据，而是根据医院工作人员的工作和职位来确定偿付的费用。这种偿付方式通过衡量医院工作者的工作时间和服务质量来评估劳动量，通过发放经费的方式来对医疗工作者进行补偿。

按工资标准偿付的优点体现在：可以根据医疗工作人员的实际工资来制定补偿标准，有利于保障他们的权利。这种方式的不足之处体现在：无法调动员工的积极性，容易影响服务的效率和质量。

以上各种支付方式各有利弊，没有一个是完美无缺的，因此在现实中，很少采用单一的支付方式，通常是选择两种或两种以上的支付方式混合使用。

第四节　我国医疗责任保险法律制度的建构

"改革开放以来，我国逐步探索医疗保障制度改革，形成了与市场经济体制相适应、具有中国特色的现代医疗保障制度体系。"[1]

一、构建医疗责任保险制度的基本原则

所谓原则，是指统率和处理事物所依据的原理与准则。构建医疗责任保险制度，必然要坚持一定的基本原则。对此，可以从两个方面来把握此语境下基本原则的内涵和外延：从静态意义上讲，该基本原则能作为医疗责任保险制度的内核与支点，具有综合性、稳定性的特征；从动态意义上讲，该基本原则是医疗责任保险制度构建过程中的总体框架，为具体举措的实施提供指引。

构建医疗责任保险制度的基本原则具有价值性、可操作性和指导性等属性。作为医疗

---

[1]王延中，龙玉其. 中国医疗保障制度改革的回顾、挑战与展望 [J]. 北华大学学报（社会科学版），2022，23（1）：77.

责任保险制度愿景和社会意义的集中表达，基本原则反映了社会主体对医疗责任保险所寄予的重要诉求，具有价值属性。原则性的表达和规定对医疗责任保险制度的构建也具有重大意义，一切具体的构建举措都要在基本原则划定的框架内进行，具有一定的可操作性。该基本原则是医疗责任保险制度体系的构建方案，在总体思路和具体设计两个方面对制度的构建都发挥积极作用。具体而言，构建我国医疗责任保险制度过程中应该坚持法治化原则、公益性原则和强制性原则。

（一）法治化原则

社会控制的目的是通过一定的规范和制度，提高社会系统的运行效率，使其"为大多数人做更多的事情"。作为社会控制的手段和途径，法律自产生以来就担负着调节冲突的社会利益职责，力求最大限度地满足人们的需求。因此，通过法律实现有效的社会控制，是当今提高社会治理能力的重要体现，是有效协调多方利益的重要渠道。医疗责任保险制度的构建也要坚持法治化原则，将医疗责任保险制度的建设纳入法治化体系当中，唯有如此，才能切实发挥其制度意义。

一方面，构建医疗责任保险制度有必要实现法律层面的表达。我国的医疗责任保险实践已经有多年的发展历史，在取得一定成果的同时，还存在很多现实问题，制度建设未纳入法治化轨道便是一大肇因。以往，我国医疗责任保险制度的推进主要靠政府政策，大多依靠政府强制力来构建制度。诚然，以政府政策为依托推行医疗责任保险制度有着其自身的优势。比如，制度实施的效果显现比较快、制度实现比较直接、短期内能有效提高医疗机构和医务人员的投保率等。但是，政策本身还具有很强的不确定性，这不仅使医疗责任保险缺乏必要的稳定性、确定性和合法性，而且由于缺乏必要的法律保障，一旦发生纠纷，对立双方的利益维护也是一大难题，通过法律推进医疗责任保险制度，有必要在法律层面表达制度的合理性，为医疗责任保险制度的构建提供法律依据，为"有法可依"提供基础，从而推动医疗责任保险制度运行的规范化进程。

另一方面，构建医疗责任保险制度需要辅之以一系列配套法律制度的支撑。具言之，医疗损害责任纠纷的解决机制要实现法治化，提高医疗纠纷的解决效率，降低医疗纠纷的处理成本；医疗损害责任鉴定制度要实现法治化，划定医疗损害责任的承担主体和责任范围，为医疗责任保险制度的应用提供前提；基本的卫生立法也要持续完善，明确医疗服务关系的属性、医疗机构和医务人员的法律地位和责任，进而厘清医疗机构的运营逻辑。诸如此类的配套法律制度对医疗责任保险制度的构建具有十分重要的现实意义。医疗纠纷的顺利解决能为医疗机构和医务人员节省大量的时间和精力，激发其参加医疗责任保险的积极性；医疗损害责任鉴定制度的实施有助于提高鉴定意见的权威性，为医疗损害责任的承担提供前期证据；基本卫生立法的完善有助于明确医疗机构的属性，明确医疗服务的具体范畴，为医患纠纷的处理扫清障碍，降低医疗机构的运营风险。

（二）公益性原则

医疗责任保险具有公益性，意指医疗责任保险旨在维护社会公共利益，而不是维护某个人或者某一部分人的私人利益，其制度构建要在公益性的框架内进行。

第一，医疗责任保险所依托的医疗卫生事业具有社会公益属性。我国是社会主义法治国家，国家的性质决定了医疗卫生事业目的是维护广大人民群众的根本利益，绝大多数医疗卫生资源集中在大型国有医疗机构中，医疗卫生行业的市场竞争也未完全放开，目的是通过国家垄断来维护社会公众的利益。另外，从我国目前构建基本公共服务的宏伟蓝图中也可以发现医疗卫生事业的公益属性。基本公共服务旨在为社会公众提供最基本的服务条件和服务设施，维护社会的整体利益。医疗卫生是基本公共服务的重要组成部分，由此说明，医疗卫生事业同基本公共服务一样，也具有社会公益属性。医疗卫生行业的这一属性决定了其内部活力不足，医疗机构和医务人员往往缺乏保险意识和风险意识，缺乏改进服务质量的动力，在处理医疗纠纷时也时常抱有不对等的心态，导致医疗纠纷不断发生并加剧，医疗机构的运行效率较低。医疗责任保险正是为解决这一问题而出现的，为医疗机构的顺利运转提供保障，解决医务人员的后顾之忧，最大限度地减轻医疗机构和医务人员的经济赔偿责任。因此，医疗责任保险隶属医疗卫生事业的范畴，医疗卫生事业的性质决定了医疗责任保险的性质。

第二，医疗责任保险的制度功能和价值决定了其具有公益性。医疗责任保险最大的功能旨在填补处于弱势地位的受害患者的经济损失，承接医疗机构和医务人员的经济赔偿责任，从而探索建立多元化的医疗纠纷解决机制，促进医患关系的缓和，维护社会秩序的稳定。另外，医疗责任保险对社会发展具有重要意义，保险业的发展实现了社会风险的分散化承担，能有效地降低社会风险，有助于提升国家的社会治理能力，医患关系的和谐稳定是建设社会主义和谐社会的题中之义，医疗责任保险的法治化也是法治社会的重要内容。

由上文可知，医疗责任保险的制度功能和价值都具有社会公益指向，首要目标是维护患者的利益损失，兼具损害弥补功能和风险分散功能，具有极为明显的社会和经济价值。因此，医疗责任保险并不仅仅是保险机构通过运营进行营利的工具，其商业保险属性日趋淡化，与之相对的社会公益属性逐渐明显。

（三）强制性原则

目前，医疗责任保险面临的一大问题就是投保和承保积极性不高、医疗机构和医务人员对医疗责任保险缺乏正确的认识，导致投保率低，这就使医疗责任保险所蕴含的价值和功能在实践中大打折扣，与其制度初衷相悖。因此，为了解决当下医疗责任保险需求不足的弊病，在推行医疗责任保险的时候，有必要实行强制性原则，实施强制医疗责任保险。通过借助政府强制力来有效地扩大医疗责任保险的覆盖面，短期内提高医疗责任保险的投保率。在医疗责任保险中渗透强制性原则，既符合强制性保险的一般原理，又是医疗责任保险有效运行的需要，还有利于最大限度地发挥医疗责任保险的制度优势，不失为医疗责任保险发展的有效路径。

第一，医疗责任保险的强制性原则符合保险业发展的一般原理。医疗责任保险所要解决的主要风险是医疗风险和医疗纠纷风险，前者所针对的客体直接指向患者的健康权和生命安全权，一旦发生此类风险危害后果极大，甚至危及患者生命；后者所引发的相关风险更大，不仅包括受害患者及家庭的生命财产权，如果处理不当，还会扰乱正常的医疗秩序和社会公共秩序。正是因为医疗风险和医疗纠纷风险具有如此大的危害后果，才使医疗机构和医务人员背负了巨大的经济负担和精神压力，在巨额的经济赔偿责任下，势必会分散其从事医疗卫生事业的精力，甚至会引发保守医疗。医疗卫生服务具有很强的普遍性，这就使潜在的医疗风险和医疗纠纷风险基数很大，一旦实际发生，可能会难以控制。综上所述，医疗责任保险已经具备了实施强制性保险的一般要件。

第二，医疗责任保险的强制性原则能助推制度的有效运行。医疗责任保险制度有效运行的关键是制定科学合理的保险费率，因为通过科学的保险技术厘定的保险费率符合保险业发展的基本规律，在考虑多方主体基本利益的基础上制定的保险费率也有利于调动其投保积极性。然而，要制定合理的保险费率，必须先把所指向的风险予以集合，把同质性的风险进行分类整合，借助历史资料来预见风险实际发生的概率和损失程度，这也是运用大数法则的基础。如果按照现行的医疗责任保险模式，医疗机构和医务人员投保积极性很低，少数人投保就很难准确预见医疗风险的发生概率，就会破坏保险所依赖的大数法则的有效运用。因此，在医疗责任保险制度中引入强制性原则，是其行业规律的必然要求。唯有强制性地要求医疗机构和医务人员等潜在的投保人积极参与医疗责任保险，才能为医疗责任保险制度的顺利运转打下坚实的基础，形成良性发展的行业格局。

第三，医疗责任保险的强制性原则有助于最大限度地发挥制度优势。任何制度都不能兼顾所有主体的利益，都要在相互冲突的利益之间进行有效的取舍，医疗责任保险制度也是如此。一方面，强制性医疗责任保险无疑是对保险主体缔约自由的限制；另一方面，通过实施强制性医疗责任保险制度，将全社会范围内的所有医疗风险都进行分散和保障，能切实有效地降低因医疗风险频发所带来的社会不稳定性，有助于维护社会整体的利益平衡。因此，医疗责任保险制度的强制性原则也是对相互冲突利益的选择和平衡。

二、我国医疗责任保险制度的发展方向

我国医疗责任保险制度的发展方向要以所秉承的基本原则为指导，因为制度建设的基本原则不仅为进行具体制度设计提供了指引，还为制度的发展指明了总体方向。具体而论，我国医疗责任保险制度要坚持法治化路径、强制性模式，坚持多种保险渠道并行不悖，最终为解决医疗纠纷、维护医患双方利益提供一套完整的制度体系。法治化是构建医疗责任保险制度的根本所在，强制性是医疗责任保险发展的内在规律，多种保险渠道并行是从不同主体的角度出发有针对性地进行设计，三者相辅相成、紧密结合，构成医疗责任保险的发展趋向。

（一）坚持医疗责任保险制度的法治化

法治化对医疗责任保险的重要性已经达到无以复加的地步，实现医疗责任保险的法治化是构建医疗责任保险制度的显性路径。其中，既要推进医疗责任保险的全国统一立法，终结各地方依靠政策推行医疗责任保险的时代，还要加快相关配套制度的法治化，通过构建周边基础制度来打造医疗责任保险制度的法治环境。

第一，推进全国范围内统一的医疗责任保险立法。长期以来，我国医疗责任保险的实践探索都集中于各地方，大都是以政府政策来推进制度的实施，政策是会随着政府人员的变动而发生变化的，这就决定了医疗责任保险制度的实施力度和范围会随着政府人员的变动而变化，充满了不确定性和不稳定性，容易使社会公众对医疗责任保险失去信心。另外，地方性的实践探索虽然能顾及各地情况和特色，但是也使医疗责任保险制度的形式和内容并不统一，很多原则性的规定也显得零乱松散。要想让医疗责任保险发挥其应有的制度效应，有必要通过立法的方式在全国范围内建立统一的医疗责任保险制度，对保险主体、保费承担模式、保险费率制定方式、保险范围和免责范围等原则性内容予以统一界定，从而确保医疗责任保险制度有法可依。同时，赋予地方相关部门一定的权限，使其可以根据本地区经济发展水平和实际情况，就医疗责任保险的特定内容予以变通处理。如此一来，既彰显了法律的稳定性和权威性，又显现出法律的适应性和灵活性。

第二，加快推进相关配套法律制度的完善和健全。医疗责任保险制度需要一系列相关制度的配合才能最大限度地发挥其积极作用，比如医疗损害责任鉴定制度、医疗纠纷解决制度等，如果没有这些制度的支撑，医疗责任保险制度就容易成为空中楼阁，在实践应用中存在很大的障碍。因此，有必要加快建立健全与医疗责任保险相关的配套法律制度，尤其是医疗卫生基本立法，明确医患关系的性质和医疗机构的属性；要建立一元化的医疗损害责任鉴定制度，为医疗纠纷的顺利解决提供权威证据，防止出现多头鉴定、重复鉴定的

现象，降低实践中解决医疗纠纷的难度。除此之外，一系列的相关配套制度还要与相关法律法规承接，避免实践中法律适用与选择的矛盾，促进法律体系内部的有效融合。

（二）坚持强制性医疗责任保险模式

为了贯彻医疗责任保险的法治化和强制性原则，终结医疗责任保险无法可依的尴尬局面，有必要加快推进强制性医疗责任保险的统一立法，制定专门的法律法规，对医疗责任保险的基本问题予以法律界定。

1. 厘清与保险本身相关的基本问题

（1）既然推行强制性医疗责任保险，就要求所有的医疗机构和医务人员都要投保。

（2）注重受害第三人和被保险人的利益平衡。既要赋予第三人针对保险人的直接请求权，以期更好地保护其利益，同时要求保险人承担相应的抗辩义务，允许被保险人对第三人的抗辩事由同时适用于保险人。

（3）培养专业人才，科学厘定保险费率，以此来合理推介医疗责任保险，实施强制推行的模式，更要注重保护保险主体的经济利益，否则会形成很大的阻力，唯有在保险费率的制定上力求科学合理，才能激发投保人的积极性，提高投保率。

（4）强化医疗责任保险的公益属性，将医疗责任保险界定为非营利性的特殊险种，坚决禁止和反对医疗机构通过提高医疗收费标准的方式，将参加医疗责任保险的费用间接转移给就医患者，否则与医疗责任保险制度的设计初衷背道而驰。

2. 推行强制性医疗责任保险模式要进行适度外拓

医疗责任保险是我国解决医疗纠纷、降低医疗风险中的重要方式，但并非唯一途径。因此，要发挥医疗责任保险的效用，就不能忽视周边制度的建置问题。

（1）医疗责任保险解决的是经济赔偿责任的分化问题，其以医疗损害责任的承担为前提，这就包含两个维度：责任主体的认定和责任范围的划分。归根结底，医疗责任保险所指向的责任属性是民事责任，故强制性医疗责任保险的推行必须以民事责任认定规则的建立为基础，没有明晰的民事责任认定制度，医疗责任保险制度就是无源之水、无本之木。首先要建立责任认定制度，同时建立完善的医疗损害责任鉴定制度，为责任认定制度的适用提供权威的证据。

（2）注重培育稳定的保险市场，稳定的保险市场是实施强制性医疗责任保险制度的基石。推行强制性医疗责任保险不能仅仅依靠政府，还要发挥一系列非正式制度的重要作用，加大教育和宣传力度，引导社会公众强化风险意识和保险意识，在全社会范围内培育良好的思想基础，以此减少推行强制性医疗责任保险制度的阻力。

(三) 坚持多种保险渠道相互结合

就保险方式而言，医疗责任保险只是维护医患双方利益、解决医患纠纷的方式之一，还要对此之外的其他保险形式予以足够的重视，使其相互配合，发挥出各自的作用。

1. 鼓励患者购买医疗风险保险

与医疗责任保险不同，医疗风险保险是患者出于对自身利益的保护，为了分散可能存在的医疗风险而购买的保险，二者应严格区别，不能相互替代。这就要求我们在大力推行医疗责任保险的同时，还应该要求政府部门和医疗机构积极鼓励患者购买医疗风险保险，以应对潜在的医疗风险给患者造成的损失，目的是保护患者的利益。实践中，医疗风险保险不宜强制患者购买，因为患者的病情和体质条件不同，如果完全按照统一的标准要求患者购买，会加大患者的经济负担，引发不满情绪。那些病情特别严重或者体质条件较差的患者，发生医疗风险的概率比较大，可以由医疗机构或医务人员推荐其购买，但要履行必要的告知和说明义务，保障患者的知情权和选择权。

2. 推行医疗意外保险以填补医疗意外所造成的损失

其实，实践中给医患双方造成实际损害的医疗风险中，除了医疗过错，更多的是医疗意外。由于医疗意外发生的原因机制十分复杂，很多因素都无法操控，诱发的后果往往无法预料和防范，一旦发生，因为医患双方并无过失，不能依照医疗损害的责任认定规则进行归责，这给处于弱势地位的患者带来的损害和压力是巨大的。但是，按照目前医疗责任保险的责任范围还不宜将医疗意外所引发的经济赔偿责任转移给保险人，因为医疗机构和医务人员对此并无主观过失。因此，有必要设立单独的医疗意外保险，可以考虑由患者和医方共同作为保费承担的主体。其中：医方可以通过自行协议的方式与保险人约定，将保险范围扩充至医疗意外风险，并相应地增加保险费用；患者一方可以根据自愿原则，按照自身的经济条件和实际情况来决定是否购买医疗意外保险。

第八章　不同主体的医疗保险制度研究

第一节　城镇职工基本医疗保险制度

职工基本医疗保险制度是依法对职工的基本医疗权利给予保障的社会医疗保险制度，是通过法律法规强制要求城镇职工这一社会群体参加医疗保险，解决个人因为疾病产生高额的医疗费用而产生过度经济压力的困扰，实行社会统筹医疗基金与个人医疗账户相结合的基本模式，与养老、工伤、失业和生育保险一样，都是社会保险的一个基本险项。

一、城镇职工基本医疗保险制度的作用

一方面，职工基本医疗保险制度切实保障了城镇职工在职期间及退休、离休期间的基本健康权益，避免参保对象因为疾病的支出陷入贫困和疾病的恶性循环；另一方面，职工基本医疗保险制度成为城镇职工群体在整个生命周期历程中面对疾病等不可控风险时，能利用的社会福利工具。

二、城镇职工基本医疗保险制度的原则与内容

建立城镇职工基本医疗保险制度的原则是：基本医疗保险的水平要与社会主义初级阶段的生产力发展水平相适应；城镇所有用人单位及其职工都要参加基本医疗保险，实行属地管理；基本医疗保险费由用人单位和职工双方共同负担；基本医疗保险基金实行社会统筹和个人账户相结合。

目前，我国大多数医疗保险制度都是在此项制度的基础上建立起来的，或者说是在此基础上的延伸。城镇职工医疗保险制度主要包括城镇职工基本医疗保险制度、大额医疗补助制度、职工大病保险制度以及长期护理保险制度，主要包含基本医疗保险费征缴、待遇核定、医疗服务管理、基金管理、组织管理和监督等全方位的运行机制。

三、城镇职工基本医疗保险制度主体的责任

根据全民医疗保障规划的要求，完善责任均衡的多元筹资机制，要明确个人、单位、政府三个主体在筹资方面的主要责任，切实保障政府承担责任，用人单位、个人共担责任，从而明确政府的责任边界，提高参保人以及用人单位的责任意识。

第一，政府要承担好三个角色的责任。一是筹资制度框架的供给者。政府在公共事业中，承担着供给和监管公共服务的责任，需要明确筹资制度框架和责任的划分，设定好筹资责任的范围并结合各种可能出现的情况动态调整。二是公平的"守门人"。作为维护社会公平和保障公共利益的主体，政府需要承担起对弱势群体筹资资助的责任。三是制度可持续性的维持者。政府应当根据当前的筹资体制框架，结合基金运行状况，建立起基金支出风险预测和监测机制，实现医保基金的收支平衡状态。

第二，用人单位要承担好两个角色的责任。一是职工健康的保障人，用人单位应如实地依据职工实际收入申报缴费基数、按时为职工缴纳医疗保险，同时在单位经济水平允许的情况下，积极为职工购买商业补充医疗保险。二是社会责任的承担者。企业应当在运营状况较好的前提下，承担起社会的部分责任，每年将营业额按一定比例拿出来建立起企业内部的风险储备金，当遇到突发公共事件时以慈善捐赠等方式缴纳给当地政府，承担起共同抗击风险的社会职责。

第三，个人要承担好两个角色的责任。一是自身健康的负责人。个人是医疗保障制度的最大获益者，应当适当提高个人的缴费比例，在筹资机制上承担更大的责任。同时在稳步提高个人的待遇水平时，必须使个人承担部分医疗费用的支出，防止泛福利化风险的弊端。二是社会共济的建设者。参保人应当端正参保意识，具有提前参保防范风险的意识，而不是抱着"谁缴纳、谁就一定享受待遇"的错误观念，不能因为没有享受到或者可能用不到就消极参保，拒不缴费或少缴费。

城镇职工基本医疗保险制度作为我国医疗保险制度的基础，在整个医疗保障体系中占据着重要位置。

在过去多年的发展过程中，制度总体平稳运行，基金收支基本实行可持续，参保职工的医疗待遇水平不断提高，尤其是在扩面征缴、异地就医联网结算、药品带量采购等方面都取得了不错的成绩。但是随着经济社会的不断发展，为了建立持续完善的中国特色医疗保障制度，我们应该正视当前运行过程中存在的各种问题，结合国家的规划目标，继续推动医保改革走向纵深。城镇职工基本保险制度作为一项长期推行的医疗保障制度，相信在党和国家的部署规划下，随着全面深化改革的不断持续，未来我国的医疗保障制度会实现高质量发展，参保人员的获得感和幸福感不断提升，从而最终实现共同富裕的目标。

第二节　居民基本医疗保险制度

城镇居民基本医疗保险制度（简称"居民医保"）是面向不属于城镇职工基本医疗保险制度覆盖范围的中小学阶段的学生（包括职业高中、中专、技校学生）、少年儿童和其他非从业城镇居民的一项保险制度。它坚持低水平起步，重点保障城镇非从业居民的大病医疗需求，其基金筹集是以家庭缴费为主，政府给予适当补助。参保居民按规定缴纳基本医疗保险费，享受相应的医疗保险待遇。

一、居民医保的原则

试点工作要坚持低水平起步，根据经济发展水平和各方面承受能力，合理确定筹资水平和保障标准，重点保障城镇非从业居民的大病医疗需求，逐步提高保障水平；坚持自愿原则，充分尊重群众意愿；明确中央和地方政府的责任，中央确定基本原则和主要政策，地方制定具体办法，对参保居民实行属地管理；坚持统筹协调，做好各类医疗保障制度之间基本政策、标准和管理措施等的衔接。

二、参保范围和筹资水平

1. 参保范围

不属于城镇职工基本医疗保险制度覆盖范围的中小学阶段的学生（包括职业高中、中专、技校学生）、少年儿童和其他非从业城镇居民都可自愿参加城镇居民基本医疗保险。

2. 筹资水平

试点城市应根据当地的经济发展水平以及成年人和未成年人等不同人群的基本医疗消费需求，并考虑当地居民家庭和财政的负担能力，恰当确定筹资水平；探索建立与筹资水平、缴费年限和待遇水平相挂钩的机制。

3. 缴费和补助

城镇居民基本医疗保险以家庭缴费为主，政府给予适当补助。参保居民按规定缴纳基本医疗保险费，享受相应的医疗保险待遇，有条件的用人单位可以对职工家属参保缴费给予补助。国家对个人缴费和单位补助资金制定税收鼓励政策。

4. 费用支付

城镇居民基本医疗保险基金重点用于参保居民的住院和门诊大病医疗支出，有条件的地区可以逐步试行门诊医疗费用统筹。

城镇居民基本医疗保险基金的使用要坚持以收定支、收支平衡、略有结余的原则。要合理制定城镇居民基本医疗保险基金起付标准、支付比例和最高支付限额，完善支付办法，合理控制医疗费用。探索适合困难城镇非从业居民经济承受能力的医疗服务和费用支付办法，减轻他们的医疗费用负担。城镇居民基本医疗保险基金用于支付规定范围内的医疗费用，其他费用可以通过补充医疗保险、商业健康保险、医疗救助和社会慈善捐助等方式解决。

第三节　大病医疗保险制度

我国的大病医疗保险主要目的之一是解决群众"因病致贫、因病返贫"的问题，大病医疗保险制度在不断发展完善的过程中，以及经过相关的试点推广过程中，大病医疗保险已经进入了一个新的发展阶段。

一、大病医疗保险的有关形式

1. 城乡居民大病医疗保险

城乡居民大病医疗保险强调配合新农合、城镇居民医保等基金向商业保险部门购置大病保险服务，参保的城镇职工、居民等一旦出现需要大额支付医疗费用的状况，便针对他们提供一定数量的医保补偿，使一些需要患者方承担的合规医疗费用得以保障。

2. 商业大病补充医疗保险

商业大病补充医疗保险，即刨除基础性医疗保险之后，借助所在单位与凭借个人意愿参与的一类保险模式。其要求基于个体患病的风险状况进行保费缴纳，一旦参保人员突发大病之后，就能从保险公司获得特定数额的医疗费用。而在此期间，为了稳固部分行业职工既有的医疗消费水准，亦有必要考虑在基本医疗保险之上创建企业补充医疗保险制度，这样一来，超出最高支付限额的医疗费用，就能利用商业医疗保险等途径及时得到补充。

二、大病医疗保险的具体属性

1. 针对基础医疗保险内容予以补充

所谓补充保险，实际上就是针对特定主体医疗保险提供的一系列补充内容。对广大城乡居民来讲，包括城镇职工、居民、新农合等社会保险在内，都可视为主体保险，而基于此自愿参与的其余补充形式，便可纳入补充医疗保险队列之中。补充保险既可以是非营利的医疗保险组织模式，诸如社会性和企业互助类医疗保险，又可以是营利性商业医疗保险。不过归根结底，其核心意义就是通过适当的筹资方式，在满足广大城镇职工各类医疗服务要求的基础上，与参保主体共同承担医疗费用风险，并努力抵制相关道德损害现象的发生。而和传统的主体医疗保险相比，补充医疗保险更加倾向于提升卫生服务的实效性，因此其应该大力提倡自愿性和选择性等规范守则，保证合理筛选需求方并参与激烈的市场竞争。过后，快速地贯彻卫生服务可及性等指标。而城镇职工群体的补充医疗保险，以及商业大病保险，则能确保很好地迎合补充医疗保险的属性特征。

2. 进行基础医疗保险深层次的延伸拓展

在新农合和城镇居民医保机制下大力开拓大病保险服务，需要依靠政府及时创建实用的筹资标准、合理的报销范畴和最低的补充比例，以及制定就医、结算管理等方面的指导政策，之后凭借政府招标途径确认开办大病保险业务的商业保险单位。透过该类保险的建立基础层面审视，其主张由基础性医疗保险基金内部划分出适当比例或是数额的资金，用于办理大病保险，整个过程并非参保个体自愿进行的，而是凭借合同契约模式构建起来的保险基金；而从参保对象角度解析，任何参与基础性医疗保险的个体都必须办理大病保险，并不需要事先询问参保者是否自愿或是能否积极履行相关合同条款；经过对自愿来源方面观察，大病补充保险的资金主要源自国家基础性医疗保险，这是其和普通补充保险最为明显的差异现象。归结来讲，借助新农合和城镇居民医保机制组织的大病保险服务项目，仍旧属于我国基础性医疗保险体系中的关键性结构单元。

第四节　城乡医疗救助制度

城乡医疗救助制度是指通过政府拨款和社会捐助等多种渠道筹资建立基金，对患大病的农村五保户和贫困农民家庭、城市居民最低生活保障对象中未参加城镇职工基本医疗保险人员、已参加城镇职工基本医疗保险但个人负担仍然较重的人员，以及其他特殊困难群众给予医疗费用补助的救助制度。

关于进一步完善城乡医疗救助制度，保障困难群众能享受到基本医疗卫生服务，还需更加深入的探究。

一、健全制度，满足困难群众的基本医疗服务需求

1. 合理确定救助范围

"在切实将城乡低保家庭成员和五保户纳入医疗救助范围的基础上，逐步将其他经济困难家庭人员纳入医疗救助范围"①，其他经济困难家庭人员主要包括低收入家庭重病患者以及当地政府规定的其他特殊困难人员。具体救助对象界定标准，由地方民政部门会同财政等有关部门，根据本地经济条件和医疗救助基金筹集情况、困难群众的支付能力以及基本医疗需求等因素制定，并报同级人民政府批准。

2. 实行多种方式救助

对城乡低保家庭成员、五保户和其他经济困难家庭人员，要按照有关规定，资助其参加城镇居民基本医疗保险并对其难以负担的基本医疗自付费用给予补助。

3. 完善救助服务内容

根据救助对象的不同医疗需求，开展医疗救助服务。要坚持以住院救助为主，同时兼顾门诊救助。住院救助主要用于帮助解决因病住院救助对象个人负担的医疗费用；门诊救助主要帮助解决符合条件的救助对象如患有常见病、慢性病，需要长期药物维持治疗以及急诊、急救的个人负担的医疗费用。

4. 合理制订补助方案

各地要根据当年医疗救助基金总量，科学制订医疗救助补助方案。逐步降低或取消医疗救助的起付线，合理设置封顶线，进一步提高救助对象经相关基本医疗保障制度补偿后需自付的基本医疗费用的救助比例。

二、简化程序，充分发挥医疗救助的便民救急作用

各级民政部门要会同卫生等部门，鼓励和推行定点医疗机构对即时结算医疗救助费用的办法，民政部门可结合实际提供必要的预付资金。对城乡低保家庭成员、五保户等医疗救助对象，凭相关证件或证明材料，到开展即时结算的定点医疗机构对就医所发生的医疗费用，应由医疗救助支付的，由定点医疗机构即时结算，救助对象只需支付自付部分。定点医疗机构与民政部门要定期结算。对申请医疗救助的其他经济困难人员，或到尚未开展即时结算的定点医疗机构就医的医疗救助对象，当地民政部门要及时受理，并按规定办理审批手续，使困难群众能及时享受到医疗服务。

---

①郑丽芳. 完善我国城乡医疗救助制度的对策 [J]. 就业与保障，2020（12）：180.

救助对象因治疗需要转诊至非定点医疗机构治疗的，应当由定点医疗机构出具转诊证明，由救助对象报当地县级人民政府民政部门核准备案。此外，各地要探索属于救助对象的流动就业人员异地就医的申报、审批和结算办法，方便困难群众就医。

各地在简化医疗救助操作程序的同时，要规范工作流程，完善服务管理，并建立健全医疗救助工作的民主监督机制，及时将医疗救助对象姓名、救助标准、救助金额等向社会公布，接受群众和社会监督，做到政策公开、资金公开、保障对象公开。

三、加大资金投入力度，强化基金的管理

1. 多渠道筹集资金

要强化地方政府责任，地方各级财政，特别是省级财政要切实调整财政支出结构，增加投入，进一步扩大医疗救助基金规模。中央财政安排专项资金，对困难地区开展城乡医疗救助给予补助。各地要动员和发动社会力量，通过慈善和社会捐助等多渠道筹集资金。

2. 严格基金的管理和使用

县级财政部门要在社会保障基金财政专户中设立城市和农村医疗救助基金专账，办理医疗救助资金的筹集、拨付。县级民政部门要做好医疗救助资金的发放工作。要加强对城乡医疗救助基金的管理，在确保基金安全的前提下，做到基金收支基本平衡、略有结余。

第九章　医疗保障基金的使用与监管探索

第一节　医疗保障基金结算方式的优化对策

作为一种制度措施，医疗保障基金的结算方式，不仅可以有效保障参保人员的医保基本待遇，而且可以监督控制医疗服务方的过度医疗行为发生。

一、医疗保障基金结算方式

在我国的医疗保障体系中，患者获得医疗服务之后产生的医疗费用只需要由患者本人支付一部分，另一部分通过医疗保险经办机构来支付，而医疗保障基金就是用来支付这部分费用而建立的。

随着医疗保障制度的不断完善，出现了多种医疗保障基金的结算方式，各种方式之间存在较大的不同。如何选择医疗保障基金结算方式，成为优化医疗保障体系的关键途径。一般而言，医疗保障基金的结算主要涉及两个方面：医疗服务提供方和被保险人，即供方结算和需方结算。

需方结算方式是指医疗保险经办机构根据相关规定主动结算患者在治疗结束后产生的部分治疗费用的支付方法。起付线、封顶线、按比例结付这三种结算方式是常用的需方结算方式。其中，起付线是医疗保险经办机构支付患者医疗费用的最低点，也就是说，只有当患者在医院的治疗费用高于医保办规定的起付线时，才可以享受医疗保障基金，医疗保障基金可以以规定的结算方式部分冲抵治疗费用，低于起付线的费用需要患者个人承担，这样可以保证将有限的医疗基金发挥出尽可能大的作用。与之相反，封顶线是指在本年度内医疗保险经办机构对患者治疗费用的最高补偿额度，超过封顶线的费用需要患者自己承担，对病情十分严重的特殊疾病，如果医疗保险经办机构无限支付费用，反而会降低有限资金的作用。按比例结付指医疗经办机构与患者按照一定比例共同承担医疗费用的模式，这种模式能更加合理地满足参保人员的基本医疗服务需求。

供方结算是指医疗保险经办机构定期与医疗服务机构，对医院患者的治疗费用进行清算的行为，供方结算方式分类较多，如按照费用总额付费、按照患者在医院接受的服务项目付费、按照有关病种付费等。其中，医保经办机构根据以往数据和辖区内人口密度等因素确定下一年度的治疗费用总额的方法是按费用总额付费。按服务项目付费指医疗保险经办机构根据参保人员在医疗服务过程中享受的服务项目和数量进行费用累计，然后根据先前规定的项目付费比例相应承担患者接受服务项目的部分医疗费用。按病种付费指由医保经办机构事先确定每种疾病的支付标准，然后根据参保人员所患疾病的病种进行支付的结算方式。

二、针对医疗保障基金结算方式问题的对策

第一，推广弹性结算等混合结算方式，增强医疗保障基金结算的动态调节性。我国人口众多、地域广阔，病种类型也随着经济发展呈现出复杂趋势，因此，单一、缺乏动态性的医疗保障基金结算方式很难适应所有疾病和所有患者，混合式医疗结算方式更加符合我国国情。首先，以年度为单位，医疗保险经办机构根据辖区内医疗实际情况以及以往数据制定接下来的医疗保险费用总额预算，当然，总额预算的制定需要由医疗服务机构参与共同制定。"总额预算的制定可以有效避免医生对疾病分解治疗、对患者诱导消费等行为。"[1] 其次，在实际治疗过程中，采用弹性结算方式，也就是说，医疗保障基金结算金额的结算系数随着医疗费用的增加而增大，从而减少来自患者方面的医药浪费现象，也加强了对医院方面过度治疗的监督作用。最后，针对特殊病种，采用按照病种付费的结算方式，方便医疗保险经办机构及时付费，为患者的正确治疗提供便利。

第二，建立基金预警监控系统，加强对医疗保障基金的监控力度。为了加强对医疗保障基金结算的监督，需要建立医疗保障基金预算制度，医疗保险经办机构在一个医疗统筹年度运行之前，根据以往数据支持和各机构之间的研讨，对该年度医保基金的收支情况进行预估，从而从整体上把控整个年度医疗保障基金的运行。同时，基金预警系统应该包括警戒线模块，即警戒数值。一旦在年度内出现超出或者低于警戒值的情况，可以及时采取措施预防风险的发生。除此之外，建立风险基金也是基金预警系统的重点内容，风险是时时刻刻存在的，老龄化的加剧和自然灾害的发生都会给医疗保障基金带来巨大风险，风险基金能增强医疗保险的防御作用，保证医疗保障基金可持续发展。

第三，搭建互联网共享平台，构筑医疗保障基金的诚信体系。当前信息科技疾速发展，为各行各业提供了不少便利，首先，在医疗保险领域建立网络平台可以将医保数据可

---

①章青妹. 浅议医疗保障基金结算方式存在的问题及对策 [J]. 中国集体经济, 2019 (31)：111.

视化，无论是医疗保险经办机构，还是医疗服务机构，抑或患者，都可以通过搭建好的互联网平台随时监测医疗服务项目和相关收费情况等。通过网络平台保障行政主管单位上下级互通互联的基础上，加强医疗机构之间的横向联系，防止出现异常的医疗服务行为。除此之外，互联网平台还可以进行网络监测，由专业人员对平台进行设置，当遇到数额超过警戒线的治疗费用时，网络系统就进行后台报警和复核，时刻提醒工作人员警惕医疗服务机构和参保人员的欺诈行为与违规操作，构筑医疗保障制度的诚信体系。

第二节　医疗保障基金与公共卫生服务经费统筹使用路径

一、医保基金和公共卫生服务经费统筹使用的必要性

公共卫生服务是通过有组织的社区努力来预防疾病、延长寿命、促进健康和提高效益的科学和艺术。这些努力包括改善环境卫生、控制传染病、教育人们注意个人卫生、组织医护人员提供疾病早期诊断和预防性治疗的服务，以及建立社会机制来保证每个人都达到足以维护健康的生活标准。显然，与针对个人的医疗服务具有立竿见影的效果不同，公共卫生服务是以社区为基础的服务，致力于改善群体健康，效益回报周期长。

我国的医疗保障正在向健康保障转型过渡。健康保障秉持以健康为目标的理念，除了重视疾病治疗外，也关注预防、保健、护理和康复。在健康中国战略背景下，需要"以健康为中心"，优化健康服务体系，创新健康服务提供模式，推动医疗保障向健康保障的过渡，增强健康服务体系的韧性，有效应对新发传染病或重大公共卫生事件带来的挑战，更好地保护和增进人群健康。

医疗保障基金和公共卫生服务资金的统筹使用，有利于疾病的防、治结合，弥补公共卫生服务和医疗服务之间的裂痕，将疾病阻断在上游，降低人民群众的疾病经济负担；从促进并改善国民健康全局出发，推动卫生和健康事业发展，最终实现健康需求、健康管理和健康促进的综合发展。

在健康中国战略背景下，通过基本医保基金和公共卫生服务经费统筹使用是通过体制机制、组织机构、服务流程、资金使用及绩效考核等相关要素的改革优化，达到推动基本医疗服务与公共卫生服务有效融合、提高卫生资源使用效率、改善人群健康等系列目标的过程，其直接目的是促进基本医疗服务和公共卫生服务的有效融合，向人群提供整合型医疗卫生服务，提高卫生资源的使用效率，最终目标则是维护和促进全民健康。

"本质上，通过基本医保基金和公共卫生资金的统筹使用，为医疗卫生机构向服务对

象提供全人群、全生命周期的整合型医疗卫生服务提供动力、赋予能力，从而实现基本医疗服务和公共卫生服务的有效融合，更好地维护和促进人群健康。"[1]

第一，以治病为中心向以健康为中心转变的必然要求。疾病与健康没有明确的界限，是一个动态的连续发生发展过程。在社会的不断发展以及医学科学研究的不断进步中，人们越来越注重的是如何更健康地生活，而不仅仅局限于如何治愈疾病。健康的广义概念及其影响因素的多样性、发展过程的连续性，决定了致力于改善健康的基本医疗服务和公共卫生服务也应当是相互交叉融合、协同联动的。通过基本医保基金和公共卫生服务经费统筹使用，推动基本医疗服务和公共卫生服务融合，助推防、治结合与医、防融合目标的实现。

第二，发挥基本医保战略性购买作用，促进基本医保高质量发展的有效途径。以医疗费用补偿为核心的基本医保，无法解决参保人及医疗服务提供者的道德风险问题，医保基金运用效率有限，制度持续性面临挑战。只有建立以人群"购买健康"为核心的价值导向，发挥医疗卫生资源战略购买者作用，医保制度才能更好地实现高质量发展。

第三，促进医、防融合，提高卫生资源配置效率的现实需要。世界卫生组织认为，亚洲地区卫生筹资的主要挑战之一是卫生筹资活动"缺乏社会保障网以及卫生资源使用的低效率"，当前慢性病防治中的医、防脱节问题表明，要通过公共卫生服务与基本医疗服务的融合，改善卫生领域筹资的投入产出比，提高卫生资源的配置效率。

加强卫生资金的使用效率是当前最有效率的途径之一，即将具有相同或相似功能的资金进行整合，根据公共健康需求进行资金的分配和使用，以进一步促进公共健康水平提升，实现公共利益。公共卫生费用与医保基金的捆绑支付等，其共性特点是以基层医疗卫生机构为实现医、防协同联动的主要平台，由全科医生及其团队承担居民的健康守门人角色，接受基本医保和公共卫生资金等筹资渠道的整合性支付、向服务对象提供医、防融合的整合型服务。同时，通过技术指导与支持、基层首诊及双向转诊等措施，实现不同类型卫生服务或者不同层级服务的有序衔接。

二、实现经费统筹使用的关键环节

医疗保障基金和公共卫生服务经费统筹使用是助推基本医疗和公共卫生服务融合的基础与动力，根据统筹使用实现的难易程度，实现医保基金和公共卫生服务经费统筹使用实现路径可分为三个层次，具体如下。

短期来看，通过发挥支付医保卫生筹资的功能，参与家庭医生签约服务费，解决因筹

---

[1] 顾雪非，张美丽，李秀丽，赵东辉. 医疗保障基金和公共卫生服务经费统筹使用路径研究 [J]. 中国卫生经济，2021，40（5）：25.

资额度不足和全科医生服务激励机制不健全问题，做实家庭医生签约服务。从服务的提供主体和过程来看，基本医疗服务和基本公共卫生服务都是基层卫生服务机构的主要业务内容，服务提供过程是连续的，由于经费来源的不同和支付方式的差异性，人为将其割裂成两项工作内容。通过基本医疗保险参与家庭医生签约付费制度的完善，解决家庭医生签约服务筹资不足和服务激励机制不健全的问题，实现由基层卫生服务机构为民众提供基本医疗服务和基本公共卫生服务有效衔接的整合型卫生服务，维护和促进人群健康。

从中期来看，通过建立以健康价值为导向的医保支付制度，发挥医保战略性购买的职能，解决基层卫生服务机构提供基本医疗服务和基本公共卫生服务激励机制不相容的问题。在当前基层卫生服务机构中，面临着提供基本医疗服务和提供基本公共卫生服务二者冲突的窘境，现行的医保支付变相鼓励基层卫生服务机构多提供医疗服务的现实，同时，基层卫生服务机构也面临着基本公共卫生服务提供到位、人群健康状况改善而基本医疗需求减少、医疗服务减少而带来收入下降的问题，导致基层卫生服务机构在服务提供中存在的"左右手互搏"问题。通过医保支付改革使基层卫生服务机构及其全科医生从做好公共卫生服务的过程中，实现人群健康改善和医保费用合理控制的双重目标，实现激励相容。医保必须从控制医疗费用的主要目标，向发挥医保战略性购买的方向调整，建立起以价值为导向的医保支付制度，完善向基层倾斜的支付制度。

长远来看，构建以健康价值为导向的健康保障体系，推动实现医疗保障体系和医疗服务体系整合。除了基本公共卫生服务与基本医疗服务有效衔接之外，医疗保障内容和重大公共卫生服务项目内容的整合也是需要解决的问题。

第三节　医疗保障资金的审计优化路径

一、完善医疗保障资金审计监督机制，开展综合性审计

"社会保险基金审计有助于社保基金保值增值，保障民生和经济有序发展，维护社会公平正义和安全稳定。"[1] 我国社会保障体系建设"分人群设计、分地区推进、分部门管理"的要求和规划导致我国的社保体系相对来说具有制度不统一、发展不平衡、资金供给不稳定等问题。医疗保障资金和业务相对复杂，没有根据实际工作来对行政部门、运营部门的工作进行明确分工，不同部门之间职责混乱，甚至出现职能重叠交叉的现象，这导致

---

[1]包函莱，宋夏云.我国社会保险基金审计现状及改进对策［J］.商业会计，2023（2）：59.

其工作人员在工作当中责任心不强，工作推诿且工作效率低下的问题，又由于监督体系不完备，导致贪污、挪用现象时有发生。所以，必须在医疗保障领域建立一个具有统筹作用的权威机构，实现对其管理区域的医疗保障体系的优化管理，对整个区域的医疗资源进行调度和整合，加强对各个机构、部门的业务职能分工，明确各部门的职责和业务，从而将不同机构、不同部门所应当承担的医疗保障责任落实到位，避免由于职责不清而出现相互推诿、效率低下、互相掣肘等问题。

同时，由于医疗保障资金审计是一项工作任务大、涉及部门广的工作，现有的审计方法难以适应当前的审计工作量，所以必须推进综合性审计的发展，加强在医疗保障资金审计工作的监督体系建设。这需要做到以下五个方面。

第一，要注重对其他审计项目结果的运用，比如在开展医保审计工作时可以借鉴曾经开展的预算执行审计中涉及医保领域的审计结果，如借鉴预算执行所涉及医疗保障业务的投入情况、占财政的比重变化情况的审计检查结果，从而提升审计效果。

第二，注意财务审计、业务审计齐头并进，在审计工作中必须对业务数据也进行审计，然后和所开展的财务审计进行对比，并在比较当中发现问题，从而防范审计风险。

第三，在审计的过程中要结合审计调查，这能够提高审计的效率和准确度，如在医疗保障资金审计工作中，其审计对象数量较多，单纯依靠现有的审计力量难以实现对这些单位的全面审计，这导致审计工作缺乏深度。所以要懂得灵活应用审计模式，采用审计模式重点关注各个单位的资金环节，同时对该单位的政策执行情况方面则采用审计调查模式来辅助，从而实现对被审计单位的资金、政策等方面的全面了解，也便于发现单位所存在的问题，并根据问题的由来提出具有针对性的审计意见。

第四，在审计工作中加入延伸审计，例如，在对其医疗保险基金的筹集工作进行审计的过程中，对缴纳医疗保险的用人单位开展延伸审计工作，对其缴纳人员数量、医疗保险支出情况进行审计，进而发现其是否存在问题。

第五，除了重视并严格执行审计工作外，还需要加强内部的审计监督工作，虽然被审单位开展外部审计，能发现较为明显的问题，并对其在医疗保障制度开展过程中的违规情况进行揭露，但是难以从内部发挥预警作用。所以还必须在医疗保障职能部门内部开展严格的内部监督工作，不断完善其内部监督机制，从而防患于未然，确保医疗保障制度的落实与推进。

二、加强信息沟通，促进各部门的信息交流

正是因为医疗保障资金审计既触及财政部门、药监部门、社会保险行政部门和卫生部门等政府各部门的职责权力，又涉及药品生产企业、医疗机构、药品经营单位、用人单

位、医生、患者等众多利益主体，这导致在处理利益相关问题的时候所面对的情况较为复杂，必须做好沟通协调工作，完善其协调机制，从而正确处理各方关系。

信息沟通的重要性不言而喻，"在审计工作的前期阶段，审计部门做好信息沟通工作就能获得较为充分的信息反馈，尽可能地明确审计涉及的各个政府部门的职责分工以及各审计事项所归属的责任主体"①，在开展审计工作的时候兼顾到内部审计和外部监督，从而发现更多的审计线索，找寻并收集更多的审计证据，从而推动审计工作的开展。

在审计人员实施审计工作时，与该审计工作有关联的财政部门、上级部门等做好沟通工作，尽可能避免由于沟通不善等原因影响审计的效率和效果，从而减少在审计工作中所受到的阻力。

在审计工作的审计报告和审计整改阶段，做好和被审单位的信息交流，能够推动双方达成共识，从而便于审计报告和审计意见的落实。

通过审计信息公开这一信息传递机制可以加强政府、审计部门和公众群体之间的信息交流，从而让社会公众对政府所开展的各项审计工作的全过程进行了解和监督，推动审计人员在审计工作中恪尽职守、严格要求，从而避免在审计工作中出现逆向选择行为，同时也能促使审计人员保持客观公正的态度对待审计工作，降低陷入利益集团的利益纠葛的可能性。

三、加强对社会审计和内部审计的审计结果运用

医疗保障资金主要为公众提供服务，和人民的利益息息相关，必须接受政府审计。但这并不是说在审计工作中就要排除注册会计师审计。随着政府审计覆盖面的扩大，审计项目激增，这导致政府现有的审计力量难以承担日益繁重的审计任务。

在这种情况下，部分地方政府可以在医疗保障资金审计工作中引入社会审计，通过购买服务的方法来为政府审计工作减轻负担，实现对审计监督模式的改进。比如，充分考虑注册会计师审计的公信力情况和其独立性，政府可以吸收一些业务素质十分优秀的注册会计师人才并让其参与到医疗保障资金审计工作中，其专业的技能和高超的业务素质能提高审计的效率，并降低审计工作所需要消耗的人力，这是对医疗保障资金审计工作的创新，引入高质素的审计人员能提高医疗保障资金审计的工作质量。

同时，审计机关要求事务所在审计时对审计过程进行监督和检查，从而防范审计风险。除此之外，为了实现对医疗保障资金的规范化管理，必须不断完善其相关的内部监督体制，这是因为医疗保险领域情况较为复杂，其敏感度高而且种类、资金规模都不容小

---

① 沈雨婷. 医疗保障资金审计研究［D］. 南京：南京审计大学，2019.

觑，是涉及民生的重要工作。所以要不断强化内部监督，在其内部形成较为科学的内部监督机制，从而提高对医疗保险基金的监管力度。

在政府对医疗保险基金开展审计工作的时候，其内部审计机构要积极配合，并及时将所发现的问题向政府审计团队汇报，从而引起政府部门的重视，在该问题还没有造成恶劣影响的时候，及时被制止和改正。同时也要不断优化基金管理部门的管理体系，使其对审计监督发挥辅助作用。

第四节　利益相关者视域下医疗保障基金监管的合作机制

一、医疗保障基金监管的核心利益相关者

利益相关者理论源自企业管理领域，该理论的本质是"协调相关利益者的利益安排，从而实现组织目标"[①]。医疗保障基金监管利益相关者是基于差异性的地位、职权或作用，以各自的方法参与医疗保障基金规范使用这一共同目标的实践活动，进而形成医疗保障基金监管的主体间生态系统。虽然各国因为政治体制、经济体制和文化背景的差异，医疗保障基金监管主体不尽相同，但是，从各国医疗保障基金监管实践来看，核心利益相关者主要有以下两种。

1. 医疗保障行政部门

作为对医疗保障基金安全方面的公共决策承担政治责任的主要机构，医疗保障行政部门在各国有不同的称呼和表现形式。在欧洲各国一般称为卫生部，美国是卫生与公共服务部，我国则主要是国家医疗保障局。医疗保障行政部门通常负责医疗保障基金安全的宏观规划事项，主要包括：制定法律法规、政策等规范；规划医保基金使用的国家预算；等等。

除了上述直接参与和间接干预以外，英国、美国和中国等国家在医疗保障行政部门内部直接设立医疗保障基金监管的专门机构，如英国的国民医疗服务反欺诈局、美国的卫生和公共服务部监察长办公室、中国的国家医疗保障局内设的基金监管司，通过行政执法对医疗保障运营过程，尤其是医保支付环节进行监督、控制，体现政府监管的强制力和威慑力。

---

①杨华. 利益相关者视域下医疗保障基金监管的合作机制［J］. 中国医疗保险，2022（1）：33.

2. 专门管理机构

与其他利益相关者不同，专门管理机构的职责专注于打击医疗保障欺诈、腐败等违规违法行为。在定位上，专门管理机构或为医疗保障基金内设的专门机构，如法国的反欺诈办公室，或为医疗保障行政部门的一个专门机构（如美国、英国、中国、比利时）；还有一些国家（如荷兰），专门管理机构具有公私双重结构，包括商业保险公司和政府医疗保障行政部门的内设机构。

二、医疗保障基金监管利益相关者的多面向合作

"规范使用医疗保障基金是医疗保障事业可持续发展的必然要求，而基于合作机制的医疗保障基金监管则是医疗保障基金规范使用的保证。"[1] 由于法律关系复杂，所涉主体众多，医学的专业性知识与民众普及性常识相交织，信息不对称现象普遍存在，医疗卫生领域具有典型的繁复性、易变性与不确定性，由此决定医疗保障基金使用中违规违法行为发生也具有繁复性、易变性和多样性。无论是行政执法机构、司法部门、社会组织或个人，单凭一己之力难以胜任打击欺诈、腐败等违规违法行为的任务担当，合作共治才是当选路径。所谓合作就是多元主体合作共事，通过发挥各自优势达到共同目标的实现。国际经验显示，在医疗保障基金监管的实践中，行政执法机构、司法部门、社会组织和个人等多元主体通过内部合作与外部合作、执法合作与教育合作等多面向的合作，达到对医疗保障欺诈、腐败等违规违法行为预防、发现与惩治的目的。

1. 内部合作与外部合作

政府监管是国际医疗保障反欺诈、反腐败的主战场，行政部门是打击医疗保障欺诈、腐败的主力军，内部合作与外部合作是以行政执法为轴心展开的。

所谓内部合作主要指同一行政部门系统内部不同职能机构之间的合作。如美国卫生与公共服务部内设的医疗保险和医疗救助服务中心与监察长办公室，前者负责医疗服务供方从业资格审核、医保账单支付监督等监管职能，后者负责医疗服务供方合规引导、医疗服务供方自我披露协议与诚信协议的签订、监督履行以及违规违法行为调查与行政制裁等监管职能。在医疗保险欺诈调查和制裁的行动中，两个部门的内部合作有助于提高行政执法效率和效力。

所谓外部合作既包括不同政府部门之间的跨界合作，也包括政府部门与社会组织的合作。前者如美国卫生与公共服务部（HHS）监察长办公室（OIG）与司法部的联邦调查局、联邦检察官办公室、民事司、刑事司之间的反欺诈执法与制裁行动的合作；我国的医

疗保障行政部门与公安、检察机关之间的行刑衔接机制，与执法、司法信息的互联互通。后者如荷兰的医疗保障行政部门与医疗机构、商业保险公司、会计师事务所等合作签署关于打击医疗领域的错误、滥用和欺诈行为的协议。

2. 执法合作与教育合作

除了按照主体标准划分的内部合作与外部合作外，医疗保障基金监管的多面向合作还可以按照内容标准区分为执法合作与教育合作。如果说内部合作与外部合作强调合作主体的各司其职与优势共享，执法合作与教育合作则关注医疗保障基金监管任务目标的达成。

国际经验显示，医疗保障基金监管注重政府主导下的多元主体合作共治，是"有政府的治理"，强调执法合作的重要性。执法合作是指行政监管机构彼此之间、行政监管机构与其他政府部门之间就医疗保障基金反欺诈、反腐败的执法行动展开的合作。主管医疗保障监管的专门组织一般为行政机关，如英国的国民医疗服务反欺诈局、荷兰的医疗管理局、中国的国家医疗保障局等。这些行政机关统领医疗保障基金监管的大局，不仅制定法规和政策，而且也直接参与监督和制裁等执法行动，尤其是与其他职能的行政部门、司法部门之间进行基金监管的执法合作。执法合作的内容一般多集中在医疗保障基金欺诈、腐败的调查和制裁两个方面，多为事后制裁领域。执法合作有多种形式，如英国执法部门之间就医疗保障基金反欺诈签署谅解备忘录，美国各政府部门执法合作多体现为反欺诈专项计划和专项行动小组的行动。

打击医疗保障基金欺诈、腐败是一个全民性事业，不仅需要提高执法人员监管的专业水平与医疗服务供方合规守法的自觉性，而且也需要培养全民反欺诈、反腐败的意识，增强反欺诈、反腐败的社会氛围，从根本上改变欺诈、腐败产生的文化环境。因此，反欺诈、反腐败的教育和培训必不可少，尤其是教育合作。

所谓教育合作是指多元主体参与的，以反欺诈反腐败知识普及、经验交流、技能提高为内容的教育培训活动。针对民众的教育合作主要表现为普法式的全民行动，如意大利在全国开展的"让我们治愈腐败"运动，中国借助网络媒体开展的医疗保障基金反欺诈骗保普法宣传等。针对提高执法水平的教育合作主要表现为专业执法机关牵头开展的各种专项反欺诈培训活动。例如，由于反欺诈领域的法律法规、执法工具不断更新，美国司法部的法律教育办公室定期或不定期地开展培训活动，提高检察官、助理律师、审计员和调查员的反欺诈执法业务能力。而国际上医疗保障反欺诈、反腐败最为重要的教育合作是以专门的非营利性组织为平台，多元主体参与其中，以会议交流、专项培训等方式为主的医疗保障反欺诈、反腐败机制。例如，当前国际上较为活跃的非营利性组织"欧洲医疗欺诈和腐败网络"，它的使命是通过信息分享、制定统一标准、开展联合教育培训计划，促进国际组织之间的伙伴关系和交流，以减少和消除成员国的医疗浪费、欺诈、腐败行为。

上述国际和国内的非营利性组织皆为公私伙伴关系基础上的会员制组织，参加会员不仅包括各国负责反欺诈执法和监督的政府组织，还包括各类商业保险公司。

只有利害相关人共同承担责任并共同参与，在个人自由与社会需求之间才能有平衡的关系。合作共治是医疗保障基金监管的国际经验，我国也概莫能外。合作共治的成果并不意味着我国医疗保障基金监管合作机制已经构建完毕。一方面，我国尚需厘定医疗保障基金监管的核心利益相关者及其职能或作用，强化监管职能部门的专业化和职业化，形成以监管职能部门为主导、以医疗保障基金规范使用为目标、利益相关者合作共治的生态系统；另一方面，在完善执法合作的基础上，有必要拓展教育合作的空间，发挥非政府组织的社会监督作用，同时关注患者在医疗保障基金监管中的参与程度。

参考文献

［1］逢锦华. 有为政府调控是社会主义市场经济结构性制度优势［J］. 北方论丛，2022（5）：122.

［2］马相东. 混合所有制经济是基本经济制度的重要实现形式：访中国社会科学院学部委员张卓元研究员［J］. 新视野，2014（1）：4.

［3］茹艺. 试析建筑经济管理中全过程工程造价的运用与重要性［J］. 环球市场，2020（4）：123.

［4］祁莉. 略论经济管理［J］. 中外企业家，2014（22）：251.

［5］雷瑜. 探索经济管理［J］. 现代营销，2015（4）：19.

［6］吴悠. 微观经济学与宏观经济学的关系研究［J］. 商展经济，2022（2）：21.

［7］席西民. 大家都需学点经济管理基础知识［J］. 科技·人才·市场，2017（3）：4.

［8］杜凤霞. 住宅市场均衡及价格波动风险研究［D］. 天津：河北工业大学，2014：55.

［9］孙铎，马明. 论管理的职能［J］. 科技展望，2015（15）：169.

［10］李炜文，高岩，李晓彤. 战略过程中的中层管理者［J］. 外国经济与管理，2022，44（12）：69.

［11］崔日明，俞佳根. 近年我国产业结构的演化与格局转变［J］. 河南社会科学，2015，23（2）：15.

［12］张绍辉. 转型背景下区域经济结构调整的路径选择［J］. 山东经济战略研究，2012（12）：15.

［13］于长革. 政府社会保障支出的社会经济效应及其政策含义［J］. 广州大学学报（社会科学版），2007，6（9）：36.

［14］朱军. 社会保障基金筹集研究［J］. 理论界，2005（6）：91.

［15］丛树海. 共同富裕目标下社会保障分配的财政定位：基于"公平公正共享"理念的社会保障制度建设［J］. 社会保障评论，2022，6（5）：3.

［16］王晓红. 加强社会保险基金内部控制管理的思考［J］. 财经界，2022（22）：132.

[17] 王延中，龙玉其. 中国医疗保障制度改革的回顾、挑战与展望 [J]. 北华大学学报（社会科学版），2022，23（1）：77.

[18] 王祎. 企业补充医疗保险制度建立的困境与突破途径 [J]. 中国市场，2020（2）：45.

[19] 郑丽芳. 完善我国城乡医疗救助制度的对策 [J]. 就业与保障，2020（12）：180.

[20] 章青妹. 浅议医疗保障基金结算方式存在的问题及对策 [J]. 中国集体经济，2019（31）：111.

[21] 顾雪非，张美丽，李秀丽，等. 医疗保障基金和公共卫生服务经费统筹使用路径研究 [J]. 中国卫生经济，2021，40（5）：25.

[22] 包函莱，宋夏云. 我国社会保险基金审计现状及改进对策 [J]. 商业会计，2023（2）：59.

[23] 沈雨婷. 医疗保障资金审计研究 [D]. 南京：南京审计大学，2019：9.

[24] 杨华. 利益相关者视域下医疗保障基金监管的合作机制 [J]. 中国医疗保险，2022（1）：33.

[25] 曹爱群. 利益相关者视域下医疗保障基金监管的合作机制 [J]. 时代商家，2022（12）：151.

[26] 贾洪波. 补充医疗保险的实际运作：四个国家比较 [J]. 改革，2012（11）：144.

[27] 顾玉阁. 城乡居民基本医疗保险制度可持续发展浅析 [J]. 西部财会，2022（10）：64.

[28] 樊美琪，蔡滨，张莹，等. 浅析城乡居民基本医疗保险制度运行存在的伦理问题及策略 [J]. 医学与哲学，2022，43（15）：23.

[29] 孙美琪. 我国社会保障基金管理存在的问题和建议 [J]. 农村经济与科技，2021，32（16）：221.

[30] 邢超云. 社会保障基金财务管理存在的问题与改进对策 [J]. 中国产经，2021（5）：171.

[31] 贾新丽，李红艳. 个人账户改革对城镇职工基本医疗保险基金可持续性的影响 [J]. 中国医疗管理科学，2023，13（3）：6.

[32] 苏敏，张天娇，张苇乐. 多层次医疗保障体系的整体性治理路径 [J]. 中国医疗保险，2023（2）：64.